“시민을 위한 한문 강의”

김영 지음

책머리에

필자는 오랫동안 한문학을 공부하면서 『조선후기 한문학의 사회적 의미』와 『한국한문학의 현재적 의미』 같은 저서와 여러 논문을 써오다가 '한문 교육' 강의를 통해 국어 교사를 양성하는 일을 맡아왔다. 한문학 연구와 함께 한글세대의 젊은이들에게 동양의 고전 속에 담긴 지혜를 어떻게 하면 재미있고 쉽게 전해줄 수 있을까 하는 문제를 고민하게 된 것이다.

그래서 베이징대학교 방문 교수로 지내며 1년 동안 모은 중국의 우언(寓言) 작품을 골라 번역해 사회적 네트워크 시스템을 통해 연재한 뒤 『네티즌과 함께 가는 우언산책』을 내고, 한국의 재미있는 우언 작품을 모아 『한국의 우언』이라는 책을 내놓았다. 재미있는 우언을 통해 교훈을 전달하려는 우언 작품 소개와 함께, 한국과 중국의 한문 명문장을 뽑아 음과 뜻은 물론이고 그것의 현대적 의미를 간략히 설명한 『인터넷 세대를 위한 한문강의』도 출간했다.

최근에는 한문 고전에 대한 독자들의 요구가 늘고 있어, 이에 부응하기 위해 『인문학적 상상력을 위한 한문강의』도 선보였다. 몇 년 전 정년퇴직한 필자는 대학 강단에서 시민사회 영역으로 학습의 장을 옮겨 한국작가회의 국제위원회와 인천광역시 화도진도서

관의 초청으로 시민들을 위한 한문 강의를 하고, 여의생태공원 샛숲학교에서 '노자생태교실'을 열기도 했다.

이제 고희를 바라보는 필자는 『노자(老子)』, 『장자(莊子)』, 『사기(史記)』, 『주역(周易)』 같은 동양고전을 다시 공부를 하면서 그동안 해온 한문의 대중화 작업을 마지막으로 재정리할 필요를 느꼈다. 꾸준히 작성해 온 한문 고전 노트를 바탕으로 20년 전에 펴낸 『인터넷 세대를 한문강의』를 대폭 수정·보충하여 이 책을 내놓는다. 아무쪼록 이 책에 담겨 있는 한문의 지혜가 코로나 팬데믹이라는 생태학적 위기와 예측 불가능한 격변의 시대를 건너고 있는 일반 시민들과 젊은이들에게 조그마한 힘이 되었으면 한다.

끝으로 이 책의 원문 해석과 체재를 검토해 준 조지형 교수와 교정 작업을 도와준 고재봉 박사, 필자의 두 딸 연이와 원이에게 고마운 마음을 전한다. 또한 어려운 시기에 이 책을 출판하느라 수고해 주신 한울엠플러스(주) 김종수 대표님과 편집부에도 감사한다.

2021년 여름

자락서실에서 김영

차례

제1강

인간답게 사는 길

우리는 지금 전 세계가 인터넷으로 연결된 디지털 정보시대에 살고 있다. 사람 간의 직접 만남보다는 접속이 더 빈번한 시대가 된 것이다. 로봇과 인공지능이 사람을 대신해 모든 것이 자동화되고 있다. 그러면서 사람들의 만남은 줄어들어 인간관계는 단절되고 개인은 고립되어 간다.

이렇게 인간의 역할이 줄어들고 위축되는 시대에 인간이 인간답게 사는 길은 어떤 것일까.

동양 고전과 선현들에게 길을 묻는다.

근본에 힘써야

君子務本, 本立而道生.
군 자 무 본 본 립 이 도 생

➲ 성숙한 사람은 근본에 힘써야 하며,
근본이 확립되면 살길이 생긴다.

『논어(論語)』

해설 사람은 무엇보다 사람다워지는 근본적 문제에 주력해야 한다. 인의예지(仁義禮智)나 진선미(眞善美) 같은 보편적 가치를 추구하다 보면 자연히 가야 할 길이 보일 것이다. 이 문장은 공자의 제자 유자(有子)의 말이다.

務(무) 힘쓸 道(도) 길

2

지혜로운 이와 어진 이

仁者安仁, 知者利仁.
인 자 안 인 지 자 리 인

➲ 어진 사람은 인을 편하게 여기고,
지혜로운 사람은 인을 이롭게 여긴다.

『논어』

해설 어진 사람은 남을 사랑하는 것을 즐기며 지혜로운 사람은 이웃을 사랑하는 것이 결국 자기에게도 이롭다는 것을 안다.

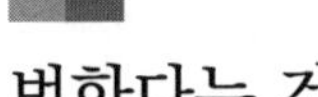

벗한다는 것

友也者, 友其德也.
우 야 자 우 기 덕 야

➲ 벗한다는 것은 그 사람의 덕을 벗한다는 것이다.

『맹자(孟子)』

해설 벗한다는 것은 벗의 인격과 식견을 배운다는 것이기에 벗은 자기의 부족함을 채워주는 스승이다. 자기를 비추어주고 부끄러움을 알게 해주는 거울 같은 벗이 진정한 벗이다.

4

대장부의 의미

居天下之廣居,
거 천 하 지 광 거

立天下之正位,
입 천 하 지 정 위

行天下之大道,
행 천 하 지 대 도

得志與民由之,
득 지 여 민 유 지

不得志獨行其道.
부 득 지 독 행 기 도

➲ 천하의 넓은 거처에 살고,
천하의 바른 곳에 서고,
천하의 큰 도를 행하며,
뜻을 얻으면 백성과 더불어 그 뜻을 펴나가고
뜻을 얻지 못하면 홀로라도 그 도를 실천한다.

富貴不能淫,
부 귀 불 능 음

貧賤不能移,
빈 천 불 능 이

威武不能屈,
위 무 불 능 굴

此之謂大丈夫.
차 지 위 대 장 부

➲ 부귀하더라도 지나치게 그것을 누리지 않고,
가난하고 천하더라도 자기의 뜻을 옮기지 않으며,
위협과 무력에도 굴복하지 않는다.
이런 사람을 대장부라고 한다.

『맹자』

해설 이 글은 『맹자』의 유명한 「대장부(大丈夫)」 장에 나온다. 주자(朱子)는 천하의 넓은 거처는 인(仁: 사랑)으로, 천하의 바른 곳은 의(義: 정의)로 풀이하고 있다. 늘 광명정대하게 처신하고 떳떳하게 사는 것이 대장부의 길이다. 선인들은 젊은이들에게 이렇게 호연한 기상을 불러일으키는 『맹자』를 읽으라고 권했다.

淫(음) 지나칠 賤(천) 천할 移(이) 옮길 威(위) 위협
屈(굴) 굽을

5

공부하는 방법

博學於文, 約之以禮.
박 학 어 문 약 지 이 례

➲ 널리 학문을 배우고, 예로 그것을 요약한다.

『논어』

해설 이 글은 공자가 제자들에게 공부하는 방법을 일러줄 때 강조한 말로 책을 많이 읽되 그 내용을 자신의 문제의식에 입각해 잘 정리해 두라는 의미로 해석된다. "구슬이 서 말이라도 꿰어야 보배"라는 속담과 같은 뜻이다.

이 글을 줄여 '박문약례(博文約禮)'로 쓰기도 한다.

博(박) 넓을 約(약) 제약할

6

언제나 한결같이

窮不失義,
궁 불 실 의

達不離道.
달 불 이 도

➲ 곤궁하더라도 의를 잃어서는 안 되며,
출세하더라도 도를 떠나서는 안 된다.

『맹자』

해설 조선 후기 실학파 문인 연암(燕巖) 박지원(朴趾源)은 선비의 자세를 강조하기 위해 이 맹자의 문장을 "달불이사 궁불실사(達不離士, 窮不失士)"로 바꾸어 「양반전(兩班傳)」 서문에 사용했다. 공부를 하자마자 목표를 달성할 때도 있고 마음대로 되지 않을 때도 있겠지만, 뜻은 늘 선비답게 오롯이 하라는 말이다.

窮(궁) 가난할　　達(달) 영달할　　離(이) 떠날

7

공부하는 기쁨과 벗 사귐의 즐거움

學而時習之, 不亦說乎.
학 이 시 습 지 　불 역 열 호

有朋自遠方來, 不亦樂乎.
유 붕 자 원 방 래 　불 역 락 호

➲ 배우고 때때로 그것을 익히면 또한 기쁘지 아니한가.
친구가 멀리서 찾아오면 또한 즐겁지 아니한가.

『논어』

해설 　『논어』의 첫머리에 나오는 공자의 명언이다. 배운 것을 완전히 소화하면 마음이 기쁘고, 친구가 오랜만에 찾아와 같이 이야기를 나누면 얼마나 즐거운가. 친구와 더불어 "문주위연(文酒爲宴: 글과 술로 조촐한 잔치를 벌인다)" 하는 즐거움을 말한 것이다.

習(습) 익힐 　　說(열, 悅과 통용) 기쁠

8

누구도 나의 스승

三人行, 必有我師焉.
삼 인 행 필 유 아 사 언

擇其善者而從之,
택 기 선 자 이 종 지

其不善者而改之.
기 불 선 자 이 개 지

➲ 세 사람이 길을 가면 그 가운데 반드시 내 스승이 있다.
그중에 선한 사람을 택해 그를 따르고,
좋지 않은 사람을 보고서는 내 마음속에 그런 좋지 않은 점을 고친다.

『논어』

해설 선생님 가운데는 훌륭한 선생님도 있고, 그렇지 못한 선생님도 있다. 그러나 모두 다 배울 점이 있다. 훌륭한 선생님이라면 그를 따라 배울 것이며 그렇지 않은 선생님을 보며 '나는 저러면 안 되지'라고 다짐을 한다면, 그도 역시 반면교사로서 역할을 하는 것이다. 모두가 내 스승이라는 공자의 말씀이다.

師(사) 스승　　擇(택) 가릴

9

지혜로운 자와 어리석은 자

智者千慮, 必有一失,
지 자 천 려 필 유 일 실

愚者千慮, 必有一得.
우 자 천 려 필 유 일 득

➲ 지혜로운 자도 천 번 생각하다 보면 한 번 실수할 때가 있고, 어리석은 자도 천 번 생각하다 보면 하나의 깨달음을 얻을 수 있다.

광무군(廣武君)

해설 아무리 많이 배웠다 하더라도 세상의 이치를 다 알 수는 없지 않은가. 그러니 늘 마음의 문을 열고, 진리 앞에 겸손할 수밖에 없다.

"어떤 문제에 부딪히면 나는 남보다 시간을 두세 곱절 더 투자할 각오를 한다. 그것이야말로 평범한 두뇌를 가진 내가 할 수 있는 유일한 방법이다"[히로나카 헤이스케(廣中平祐), 『학문의 즐거움』].

慮(려) 생각 愚(우) 어리석을 廣(광) 넓을

10

가난과 부

邦有道, 貧且賤焉, 恥也.
방 유 도　빈 차 천 언　치 야

邦無道, 富且貴焉, 恥也.
방 무 도　부 차 귀 언　치 야

➲ 나라에 도가 있을 때에 가난하고 천한 것은 부끄러운 일이며, 나라에 도가 없을 때에 부하고 귀한 것 또한 부끄러운 일이다.

『논어』

해설 합리적으로 인재를 등용하는 사회에서 쓰이지 못한다면 그것은 자신에게 책임이 있는 것이고, 부당한 권력자에게 붙어 지배를 정당화하고 돈을 받는다면 그것은 부끄러운 일이라는 공자의 말씀이다.

邦(방) 나라　貧(빈) 가난할　賤(천) 천할　恥(치) 부끄러울

11

사람됨과 공부

弟子入則孝, 出則弟,
제 자 입 즉 효 출 즉 제

謹而信, 汎愛衆而親仁,
근 이 신 범 애 중 이 친 인

行有餘力, 則以學文.
행 유 여 력 즉 이 학 문

➲ 공부하는 사람은 집에 들어와서는 어버이를 섬기고 집을 나가서는 남을 공경하며,

행동을 삼가고 말을 믿음성 있게 하고 널리 민중을 사랑하고 훌륭한 사람과 친하게 지내되,

이런 몸가짐을 하고도 남는 힘이 있을 때에 학문을 해야 한다.

『논어』

해설 공자는 먼저 사람이 되고 나서 공부를 해야 한다는 선행후지(先行後知)를 강조한다. 사람됨이 먼저이고 지식은 그다음이라는 것이다.

謹(근) 삼갈　　餘(여) 남을

12

도와 성인을 목표로

爲學以道爲志,
위 학 이 도 위 지

爲人以聖爲志.
위 인 이 성 위 지

➲ 학문을 할 때는 도를 목표로 하고
사람 되는 공부를 할 때는 성인을 목표로 한다.

주자(朱子)

해설 학문을 할 때는 끊임없는 연구를 통해 완벽한 진리에 도달하는 것을 목표로 할 것이며, 사람 되는 공부를 할 때는 너새니얼 호손(Nathaniel Hawthorne)의 「큰 바위 얼굴」의 소년처럼 성인을 본받으려 해야 한다.

聖(성) 성스러울

13

선비의 양성

君子之養士,
군 자 지 양 사

以爲民也.
이 위 민 야

➲ 군자가 선비를 양성하는 것은
백성을 위해서이다.

사마온공(司馬溫公)

해설 박지원은 농공상(農工商)의 이치를 밝혀 농민, 공인, 상인의 생활이 향상되도록 돕는 것이 선비의 임무라고 했다.

養(양) 기를 溫(온) 따뜻할

14

선비의 처신

夫賢士之處世也,
부 현 사 지 처 세 야

譬若錐之處囊中.
비 약 추 지 처 낭 중

➲ 무릇 어진 선비가 세상을 살아가는 것은
송곳이 자루 안에 있는 것 같다.

『사기(史記)』, 「평원군전(平原君傳)」

해설 평소에 갈고 닦은 품성과 능력은 위기를 당했을 때 빛을 발한다. 바른말과 행동은 드러나게 마련이다.

譬(비) 비유할 錐(추) 송곳 囊(낭) 자루

15

날이 추워진 뒤에야

歲寒然後,
세 한 연 후

知松栢之後凋也.
지 송 백 지 후 조 야

➲ 날이 추워진 뒤에야
소나무와 잣나무가 늦게 시듦을 안다.

『논어』

해설 혼탁한 세상에 바른 선비로 살아간다는 것은 쉬운 일은 아니다. 그러나 소금이 짠맛을 잃으면 소금이라고 할 수 있겠는가. "매화나무는 일생을 추위 속에서 지내면서도 향기를 팔지 않는다(梅一生寒, 不賣香)."

16

위기를 당해보아야

舟覆乃見善游,
주 복 내 견 선 유

馬奔乃見良御.
마 분 내 견 양 어

➲ 배가 뒤집혀야 헤엄을 잘 치는지 알고,
말을 달려봐야 잘 모는지 안다.

유안(劉安), 『회남자(淮南子)』

해설 위기를 겪어봐야 그 사람의 능력을 알 수 있고, 난세를 당해봐야 그 사람의 규모를 알 수 있다.

覆(복) 뒤집힐 游(유) 헤엄칠 奔(분) 달릴 御(어) 말 몰
淮(회) 강 이름

17

넓고 의연하게

士不可以不弘毅, 任重而道遠.
사 불 가 이 불 홍 의 임 중 이 도 원

仁以爲己任, 不亦重乎,
인 이 위 기 임 불 역 중 호

死而後已, 不亦遠乎.
사 이 후 이 불 역 원 호

➲ 선비는 그 뜻이 넓고 의연하지 않으면 안 된다. 맡은 임무가 막중하고 가야 할 길이 멀기 때문이다.

민중을 사랑하는 것을 자기의 임무로 생각하니 그 책임이 막중하지 아니한가.

죽은 다음에야 그만두는 것이니 가야 할 길이 멀지 아니한가.

『논어』

해설 박지원이 "선비는 하늘이 준 벼슬(士乃天爵)"이라고 했듯이 선비는 민중과 역사에 대해 무한한 책임을 져야 한다. 의사의 길을 버리고 죽을 때까지 민중 사랑의 길을 갔던 체 게바라(Che Guevara)가 그런 사람일까.

毅(의) 굳셀 己(이) 그만둘 爵(작) 벼슬

18

천하의 근심을 먼저

士當先天下之憂而憂,
사 당 선 천 하 지 우 이 우

後天下之樂而樂.
후 천 하 지 낙 이 락

➲ 선비는 마땅히 천하의 근심을 먼저 근심하고,
천하의 즐거움은 나중에 즐긴다.

범중엄(范仲淹)

해설 선비는 천하의 문제를 먼저 걱정하는 '희생적인 엘리티즘'을 갖추고 있을 때에 존경을 받는다. 영국과 아르헨티나 사이에 포클랜드 전쟁이 일어났을 때 영국은 엘리자베스(Elizabeth) 2세의 둘째 아들 앤드루(Andrew) 왕자를 제일 먼저 전쟁터에 내보냈다.

范(범) 풀이름　　淹(엄) 담글

19

큰 임무를 맡으려면

天將降大任於是人也,
천 장 강 대 임 어 시 인 야

必先苦其心志, 勞其筋骨.
필 선 고 기 심 지 노 기 근 골

➲ 하늘이 장차 어떤 사람에게 큰 임무를 맡기려 할 때에는 먼저 그 마음을 괴롭게 하고 그 몸을 수고롭게 한다.

『맹자』

해설 온실 속에서 자란 꽃이 어찌 비바람을 견딜 수 있겠는가. 부처님도 중생을 제도하기 전에 설산에서 뼈를 깎는 고행을 하지 않았던가.

"고난 속에서 사람은 깊어진다. 속이 찬다. 따뜻해진다. 세상을 보는 눈이 자란다"(장일순, 『좁쌀 한 알』).

降(강) 내릴, (항) 항복할　　筋(근) 힘줄

20

자기를 알아주는 사람

士爲知己者死.
사 위 지 기 자 사

➲ 선비는 자기를 알아주는 사람을 위해 목숨을 바친다.

『사기』

해설 선비가 학문과 인격을 닦는 것은 세상에 쓰이기 위한 것이다. 제갈량(諸葛亮)도 자기의 진가를 알고 삼고초려(三顧草廬)의 정성을 마다하지 않은 유비(劉備)를 위해 평생을 헌신하지 않았던가.

21

참된 선비

行之則澤加於四海,
행 지 즉 택 가 어 사 해

退而藏焉則道明乎千載,
퇴 이 장 언 즉 도 명 호 천 재

然後乃吾所謂士也.
연 후 내 오 소 위 사 야

➲ 행동을 하면 사해에 혜택을 입히고
물러나 공부를 하면 진리를 천년이나 밝히는 사람을
참된 선비라 할 수 있다.

홍대용(洪大容)

해설 활동을 하면 도를 밝히고, 사회적 실천을 하면 사해에 두루 혜택을 입힐 수 있어야 참된 지식인이라 할 수 있다는 뜻이다.

澤(택) 은혜, 못 藏(장) 감출 載(재) 해, 실을

관찰

觀物察己.
관 물 찰 기

➲ 세상을 관찰하고 자기를 돌아본다.

『근사록(近思錄)』

해설 세상을 올바로 인식하고 자기를 성찰하는 일은 지식인의 기본이다. 선현의 지혜가 담긴 책을 읽는 것은 세계를 제대로 인식하고 자기성찰을 하는 하나의 통로가 될 수 있지 않을까.

23

천하 사람과 더불어

窮則獨善其身,
궁 즉 독 선 기 신

達則兼善天下.
달 즉 겸 선 천 하

➲ 곤궁하면 자기 자신의 몸을 선하게 하고,
출세하면 천하와 함께 선을 행한다.

『맹자』

해설 뜻하지 않게 곤궁한 처지에 놓이면 홀로라도 선행을 행하며 성찰하고, 출세를 하여 높은 지위에 있으면 자신의 영화가 아니라 천하의 사람들을 위해 그들과 함께 선업을 쌓아야 한다.

24

도가 원숙해지면

道盛柔,
도 성 유

德盛謙.
덕 성 겸

➲ 도가 충실하면 유연해지고,
덕이 충실하면 겸손해진다.

『감산자전(憨山自傳)』

해설 벼가 익으면 고개를 숙이고 원숙한 사람은 남을 부드럽게 감싼다. 부드러운 새싹은 딱딱한 대지를 뚫고 나와 새 생명을 꽃피우지 않는가.

柔(유) 부드러울 盛(성) 채울 謙(겸) 겸손할
憨(감) 어리석을

제2강

이웃과 더불어

인간은 서로 의지하며 살아가는(interbeing) 사회적 존재이다. 우리는 집, 학교, 직장 어디에서나 끊임없이 인간관계를 맺으면서 이웃과 더불어 살아가며, 이러한 만남을 통해 삶의 기쁨과 보람을 느낀다. 인간이 인간으로 성숙하는 것도 이 사회화 과정을 통해서이다. 그런 의미에서 이웃과 잘 지내고 원만한 인간관계를 유지하는 것은 인생의 큰 행복이고, 그러한 삶은 성공적 삶이라 할 수 있을 것이다.

어떻게 하면 이웃과 더불어 잘 지내고 민중과 더불어 즐겁게 살아갈 수 있을까.

1

자신을 수양한 뒤

修己以安人.
수 기 이 안 인

➲ 자신을 수양하여 남을 편안하게 한다.

『논어』

해설 우선 자기 자신을 갈고 다듬은 후에 남을 편안하게 하고 공동체를 위한 일을 해야 실수와 잘못이 없을 것이다.

도산 안창호 선생도 "그대는 겨레와 나라를 사랑하는가. 그러면 먼저 훌륭한 인격이 돼라"라고 했다.

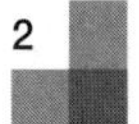

2

사람을 하늘처럼

事人如天.
사 인 여 천

➲ 사람을 섬기기를 하늘처럼 하라.

최시형(崔時亨)

해설 "사람은 곧 하늘"이라는 동학의 가르침은 인간의 존귀함을 극명히 표현한 것이다. 서양에서의 인권 개념도 인간이 하느님의 형상대로 지음을 받았다는 데에 근거하는 것을 보면, 인간의 존엄성에 대한 인식은 동서고금이 모두 일치한다.

민중 사랑

博施於民,
박 시 어 민

而能濟衆.
이 능 제 중

➲ 백성들에게 널리 사랑을 베풀고,
능히 민중을 어려움에서 구한다.

『논어』

해설 공부하는 사람은 무릇 민중을 사랑하는 마음으로 그들을 어려움으로부터 벗어나게 할 수 있는 해방의 지식을 추구해야 한다는 공자의 말씀이다. '박시제중(博施濟衆)'으로 줄여 쓰기도 한다.

博(박) 넓을 施(시) 베풀 濟(제) 구제할 衆(중) 무리

4

자기 마음과 남의 마음

己所不欲,
기 소 불 욕

勿施於人.
물 시 어 인

➲ 백성들에게 널리 사랑을 베풀고,
능히 민중을 어려움에서 구제한다.

『논어』

해설 내가 하기 싫은 일은 남도 하기 싫어할 것이다. 자기를 미루어 남을 이해하는 서(恕: 용서와 사랑)의 정신이 공자 사상의 핵심이다. 서(恕)는 인(仁)을 하는 방법을 일컫는다.

欲(욕) 하고자 할 施(시) 베풀

5

민중과 더불어 즐거워하고

樂民之樂者, 民亦樂其樂,
낙 민 지 락 자 　민 역 락 기 락

憂民之憂者, 民亦憂其憂.
우 민 지 우 자 　민 역 우 기 우

➲ 백성의 즐거움을 즐거워하는 사람은 백성들 또한 그의 즐거움을 즐거워하고,
백성의 근심을 걱정하는 사람은 백성 또한 그의 근심을 걱정한다.

『맹자』

해설 　가는 정이 있어야 오는 정이 있는 법이다. 백성들의 즐거움과 괴로움을 같이 나누면 백성들이 또한 그 지도자의 기쁨과 근심을 나눈다는 맹자의 말씀이다.

樂(락) 즐거울 　　憂(우) 근심

6

우리 아이를 사랑하듯이

老吾老, 以及人之老,
노 오 로 이 급 인 지 로

幼吾幼, 以及人之幼.
유 오 유 이 급 인 지 유

➲ 우리 집 노인을 섬기듯이 남의 집 노인을 섬기며
우리 집 아이를 보살피듯 다른 집 아이를 보살피라.

『맹자』

해설 자기 가족을 사랑하는 마음으로 이웃을 사랑한다면 이 사회가 얼마나 따뜻할까. 내 자식만 챙기는 요즘의 세태에 경종을 울리는 맹자의 말씀이다.

"백만금으로 집을 사고 천만금으로 이웃을 산다(百萬買宅, 千萬買鄰)."

幼(유) 어릴

7

남에게는 봄바람처럼

待人春風,
대 인 춘 풍

持己秋霜.
지 기 추 상

➲ 남에게는 봄바람처럼
자신에게는 가을 서릿발처럼

경구(警句)

해설 남에게는 관대하게 자기에게는 엄격하게 하라는 뜻이다. 신영복 선생의 시예 작품전에서 이 글을 보고 고개를 끄덕였다.

待(대) 대할 持(지) 가질 霜(상) 서리

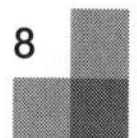

자기에게는 추상같이

律己宜帶秋氣,
율 기 의 대 추 기

處世宜帶春氣.
처 세 의 대 춘 기

➲ 자기를 다스릴 때는 가을 기운을 띠고
세상을 살아갈 때에는 봄기운을 띠어야 한다.

『유몽영(幽夢影)』

해설 자기를 다스릴 때는 서늘하고 엄격하게 세상 사람과 어울릴 때는 봄기운을 띤 듯 훈훈하게 하라는 뜻이다.

律(율) 법 帶(대) 띠 幽(유) 그윽할 影(영) 그림자

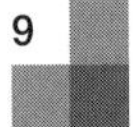

9

자기에게는 검소하게

儉於奉己,
검 어 봉 기

豊於待人.
풍 어 대 인

➲ 자기를 받드는 데에는 검소하고,
남을 대할 때는 넉넉히 하라.

『자치통감(資治通鑑)』

해설　자기 생활은 검소하게 하면서도 남을 대접할 때는 넉넉하게 하는 것이 선인들의 보편석인 생활철학이었나.

儉(검) 검소할　奉(봉) 받들　豊(풍) 풍성할　資(자) 밑천
鑑(감) 거울

10

남을 귀하게

勿以貴己而賤人,
물 이 귀 기 이 천 인

勿以自大而蔑小.
물 이 자 대 이 멸 소

➲ 자기를 귀하게 여기면서 남을 천하게 여기지 말며,
자만에 빠져 남을 멸시하지 말라.

강태공(姜太公)

해설 자만은 인간관계를 해치는 적이다. 누가 자기만 잘났다고 빼기는 사람을 좋아할까.

賤(천) 천할 蔑(멸) 업신여길

11

관대한 마음

居上不寬,
거 상 불 관

吾何以觀之哉.
오 하 이 관 지 재

➲ 윗자리에 있으면서 관대하지 않으면
내가 어찌 그를 성숙한 사람으로 인정할 수 있겠는가?

『논어』

해설 윗사람이 아랫사람의 대접을 받기를 좋아한다면 참다운 어른이라 할 수 있을까? 늘 관심을 베풀어주고 넓은 마음으로 기다려주는 것이 윗사람의 자세가 아닐까. 불교에서도 자비로운 눈길(慈眼)을 주고 사랑스러운 말(愛語)을 건네라고 했다.

寬(관) 관대할　　觀(관) 볼

12

뜻이 맞는 친구

道不同,
도 부 동

不相爲謀.
불 상 위 모

➲ 추구하는 도가 같지 않으면
같이 일을 도모하지 말아야 한다.

『논어』

해설 노는 친구는 노는 친구끼리, 공부하는 사람은 공부하는 사람끼리 모인다는 뜻이다. 유유상종(類類相從)이라 했던가.

謀(모) 꾀할

13

같은 소리는 서로 울리고

同聲相應,
동 성 상 응

同氣相求.
동 기 상 구

➲ 같은 소리는 서로 울리고
같은 기운은 서로를 구한다.

『주역(周易)』

해설 같은 소리끼리는 서로 어울리고, 같은 기운을 타고 태어난 사람끼리는 텔레파시가 통한다. 친한 사람 간에, 특히 부모와 자식 간에는 서로 기운이 통한다. 동기상감(同氣相感: 같은 기운끼리 서로 감응한다)이라 하지 않던가.

聲(성) 소리 應(응) 응할

14

이익에 따른 행동

放於利而行,
방 어 리 이 행

多怨.
다 원

➲ 이익에 따라 행동하면
원망을 많이 받는다.

『논어』

해설 돈과 권력과 명예는 내가 많이 가지면 남이 적게 갖는 배타성을 지니는 법이다. 그러니 다툼이 따르게 마련이다. 그러나 진리와 사랑은 우리 모두를 자유로워지고 훈훈하게 하는 것이다.

放(방) 놓을　　怨(원) 원망할

15

보편적 사랑

墨子兼愛,
묵 자 겸 애

摩頂放踵,
마 정 방 종

利天下爲之.
이 천 하 위 지

➲ 묵자는 차별 없이 사랑했으니,
이마를 갈아서 발꿈치에 이르더라도
천하에 이로우면 했다.

『맹자』

해설 묵자는 자기와 가족의 경계를 넘어 모든 사람을 두루 사랑할 것을 주장하고 실천했다.

墨(묵) 먹 兼(겸) 겸할 摩(마) 갈 頂(정) 정수리
踵(종) 발꿈치

16

더불어 말할 만한 사람

可與言而不與之言, 失人.
가 여 언 이 불 여 지 언 실 인

不可與言而與之言, 失言.
불 가 여 언 이 여 지 언 실 언

➲ 더불어 말할 만한데도 더불어 말을 하지 않으면 사람을 잃어버린다.
더불어 말할 만하지 못한데도 더불어 말한다면 실언을 하게 된다.

『논어』

해설 좋은 친구는 놓치지 말 것이며, 쓸데없는 친구를 만나느라 시간을 낭비하지 않도록 현명함을 가지라는 뜻이다

17

꾸밈과 진실

巧言令色,
교 언 영 색

鮮矣仁.
선 의 인

➲ 말을 잘 꾸미고 얼굴빛을 좋게 하는 사람 가운데는 어진 사람이 적다.

『논어』

해설 마음에 걸리는 것이 있으면 겉에 신경을 쓰게 마련이다. 말이 너무 매끄럽고 아첨을 잘하는 사람은 진실성이 의심된다.

巧(교) 공교할 鮮(선) 드물

18

소인

唯女子與小人, 爲難養也.
유 여 자 여 소 인 위 난 양 야

近之則不孫, 遠之則怨.
근 지 즉 불 손 원 지 즉 원

➲ 성숙하지 못한 여자와 이기적인 남자인 소인은 대하기가 어려우니,
가까이하면 불손하고 멀리하면 원망한다.

『논어』

해설 오직 자기에게만 관심을 갖는 사람은 어떻게 해볼 도리가 없다는 말이다. 여기서 '여자'는 모든 여성을 지칭한 것이 아니라 '성숙하지 못한 여자'에 한정된다.

唯(유) 오직 難(난) 어려울 怨(원) 원망할

19

벗의 종류

益者三友, 損者三友.
익 자 삼 우 손 자 삼 우

友直, 友諒, 友多聞, 益矣.
우 직 우 량 우 다 문 익 의

友便辟, 友善柔, 友便佞, 損矣.
우 편 벽 우 선 유 우 편 녕 손 의

➲ 유익한 벗이 세 부류 있고, 손해를 끼치는 벗이 세 부류 있다.
곧고, 믿음 있고, 견문이 많은 이를 벗하면 유익하고,
치우치고, 무르기만 하고, 말만 잘하는 이를 벗하면 손해가 된다.

『논어』

해설 꽃밭에 가면 꽃향기가 몸에 배고, 먹을 가까이하면 검어지게 마련이다. 가까이 지내는 친구의 말투와 습관을 자기도 모르는 새 닮아가지 않던가.

損(손) 덜 諒(량) 믿을 便(편) 아첨할, 편할
辟(벽) 치우칠 柔(유) 부드러울 佞(녕) 아첨할

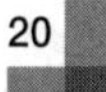

글로 벗을 사귀고

君子, 以文會友,
군 자　이 문 회 우

以友輔仁.
이 우 보 인

➲ 군자는 글로써 벗을 모으고,
그 벗으로 자기의 부족한 인격을 메운다.

『논어』

해설　공부하는 사람은 글을 좋아하는 사람과 만나고 그 친구들로 인해서 인격적 감화와 지적 자극을 받는다. 사람은 어울리면서 존재한다.

21

진심으로 타이르되

忠告而善道之,
충 고 이 선 도 지

不可則止.
불 가 즉 지

➲ 진심으로 이야기해서 잘 인도하되
불가능하면 그만둔다

『논어』

해설 친구가 잘못을 저지르면 진심으로 충고해 주되, 듣지 않으면 그만둘 뿐 억지를 부리지는 않는다.

입술이 없으면

脣亡齒寒.
순 망 치 한

➲ 입술이 없으면 이가 시리다.

『춘추좌씨전(春秋左氏傳)』

해설 이웃 나라가 위태로우면 자기 나라에도 곧 화가 미칠 가능성이 많다. 이웃이 다 어려운데 자기 혼자 어떻게 편할 수가 있겠는가. 전체적 국면을 볼 수 있는 안목이 필요하다는 말이다.

脣(순) 입술　　齒(치) 이

23

재물과 인심

財聚則民散,
재 취 즉 민 산

財散則民聚.
재 산 즉 민 취

➲ 재물을 모으면 사람들이 흩어지고
재물을 나눠 주면 사람들이 모인다.

『대학(大學)』

해설 인심을 쓰면 사람이 모이고 인색하면 사람이 떠난다. 나라도 마찬가지이다. 세금을 혹독하게 거두면 백성들이 떠나며 백성들이 골고루 잘살도록 정책을 펴면 백성들이 모인다. 조선 후기의 실학자들은 백성들의 경제적 안정이 국부의 기초가 된다고 믿었다.

散(산) 흩을 聚(취) 모을

24

선한 사람의 향기

與善人居,
여 선 인 거

如入芝蘭之室,
여 입 지 란 지 실

久而不聞其香, 卽與之化矣.
구 이 불 문 기 향 　즉 여 지 화 의

➲ 선한 사람과 더불어 사는 것은
지초와 난초가 있는 방에 들어가는 것과 같아서
오래 있으면 향기를 맡지 않아도 같이 동화된다.

『공자가어(孔子家語)』

해설 　공자도 "군자의 덕은 바람과 같고 소인의 덕은 풀과 같아서 풀 위로 바람이 불면 모두 다 넘어진다"라고 했다. 그래서 공자는 제자들에게 "어진 사람을 가까이하라(親仁)"라고 가르쳤다.

芝(지) 지초 　　蘭(난) 난초

제3강

사람은 저마다 장점이 있어

들에 핀 꽃들도 저마다의 빛깔과 향기가 있고, 계곡의 돌멩이들도 각기 고유한 모양과 무게가 있는데, 하물며 사람이랴. 이렇게 저마다의 개성과 장점이 있는 사람들을 하나의 기준으로 줄을 세우고, 하나의 잣대로 평가하는 것은 인간의 존엄과 다양한 가능성에 대한 심각한 도전이 아닐 수 없다.

사람을 키운다는 학교에서는 학생들을 시험 점수로만 등수를 매기고, 사회에서는 사람을 출신 학교의 서열이나 직위, 봉급의 액수로만 평가한다. 오죽했으면 생텍쥐페리(Saint Exupery)가 어른들은 오직 숫자에만 관심이 있다고 풍자했을까.

사람의 장점

人各有所長.
인 각 유 소 장

能取其長, 皆可用也.
능 취 기 장 개 가 용 야

➲ 사람은 각기 저마다의 장점이 있다.
능히 그 장점을 취한다면 모두 다 쓸 수 있다.

주자

해설 "사람은 자기 나름의 꽃씨를 지니고 있다. 그런데 역경을 이겨내지 못하면 꽃을 피어낼 수 없다. 하나의 씨앗이 움트기 위해서는 흙 속에 묻혀서 참고 견디는 인내가 필요하다. 불교의 사바세계는 '참고 견디는 세계'라는 뜻이다"(법정, 『살아있는 것은 다 행복하라』)라고 말했듯이 사람은 저마다 영성을 지니고 있다.

取(취) 취할　　皆(개) 모두

2

사람과 물건의 쓰임

聖人常善救人, 故無棄人,
성 인 상 선 구 인 고 무 기 인

常善救物, 故無棄物.
상 선 구 물 고 무 기 물

➲ 성인은 늘 남을 잘 구원해 줌으로써 버려둔 사람이 없고,
언제나 물건의 쓰임새를 잘 알기에 버려둔 물건이 없다.

『노자(老子)』

해설 애정의 눈으로 사람을 보면 그 사람의 장점이 보이고, 지혜의 눈으로 사물을 보면 그것을 어디에 써야 할지 안다는 노자의 말씀이다. 속이 좁은 선생은 늘 학생을 꾸중하고, 슬기롭지 못한 목수는 나무를 탓한다. 일본의 궁궐과 큰 절을 지은 대목수 니시오카 쓰네카즈(西岡常一)는 『나무의 마음 나무의 생명』에서 "성깔 있는 나무는 사용하기 어렵지만 살릴 수만 있다면 오히려 뛰어난 것이 된다"라고 했다.

救(구) 구원할 棄(기) 버릴

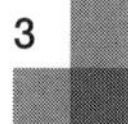

남의 아름다움을 이루어주는 사람

君子成人之美,
군 자 성 인 지 미

不成人之惡.
불 성 인 지 악

➲ 군자는 남의 아름다움을 이루어주고
남의 악을 조장하지 않는다.

『논어』

해설 마음이 넉넉한 사람은 남의 가능성을 보고 그것을 이루도록 도와주지만, 속이 좁은 사람은 남이 잘못되는 것을 즐긴다. 생명이 있는 것은 다 아름답고 저마다의 존재 의미가 있다. 긍정적인 눈길로 바라보면, 모든 사람이 다 아름답게 보인다. 부처님 눈에는 모두가 다 부처님으로 보인다고 하지 않던가.

4

성인과 바보

才德兼全曰聖人, 才德兼亡曰愚人,
재 덕 겸 전 왈 성 인 재 덕 겸 무 왈 우 인

德勝才曰君子, 才勝德曰小人.
덕 승 재 왈 군 자 재 승 덕 왈 소 인

➲ 재주와 덕성을 고루 갖추면 성인이며 재주와 덕성 중 아무것도 없으면 바보이고,
덕이 재주보다 나으면 군자이며 재주가 덕을 넘어서면 소인이다.

『자치통감』

해설 뭘 좀 안다고 뽐내는 사람을 소인이라고 하고 자기 지식을 덕으로 통제할 줄 아는 사람을 군자라 하는 걸 보면, 동양에서는 전통적으로 재주보다 사람됨을 더 중요시한 것 같다.

勝(승) 나을, 이길 亡(무) 없을, (망) 망할

5

덕과 재주

德者, 才之主,
덕 자 재 지 주

才者, 德之奴.
재 자 덕 지 노

➲ 덕은 재주의 주인이고
재주는 덕의 종이다.

『채근담(菜根譚)』

해설 덕이 있는 사람은 마음이 넓어서 재능 있는 사람을 포용하지만, 재주가 있는 사람은 덕 있는 사람의 부림을 받는다. 중국의 노학자 지셴린(季羡林) 선생은 『인생』에서 "천재는 능력이 한 곳에 치우친 편재(遍在)일 수가 있다"라고 했다.

6

세 가지 자기성찰

吾日三省吾身.
오 일 삼 성 오 신

爲人謀而不忠乎,
위 인 모 이 불 충 호

與朋友交而不信乎,
여 붕 우 교 이 불 신 호

傳不習乎.
전 불 습 호

➲ 나는 매일 세 가지로 내 몸을 반성한다.
남을 위해 일을 도모하되 진실하지 않았는지,
친구와 더불어 사귀되 믿음직하지 않았는지,
스승으로부터 전하여 들은 것을 익히지 않았는지.

『논어』

해설 공자의 제자인 증자(曾子)가 말한 세 가지 자기 성찰 요건이다. 세기의 성녀로 불린 테레사(Teresa) 수녀도 하루에 몇 시간을 내어 자기를 되돌아본다고 하지 않았던가.

省(성) 살필 謀(모) 도모할 朋(붕) 벗 傳(전) 전할

잘못 고치기

過則勿憚改.
과 즉 물 탄 개

➲ 잘못이 있으면 고치는 것을 꺼리지 말라.

『논어』

해설 인간은 불완전한 존재, 누구나 실수를 하고 잘못도 하는 법이다. 현명한 사람은 자기의 잘못을 인정하고 고치지만, 미련한 사람은 변명하고 합리화함으로써 두 번 잘못을 저지른다. 공자는 허물을 저지르고 고치지 않는 것이 정말 잘못이라고 했다.

過(과) 허물 憚(탄) 꺼릴 改(개) 고칠

양을 잃고

亡羊牢可補,
망 양 뢰 가 보

失馬廏可築.
실 마 구 가 축

➲ 양을 잃고서도 우리는 보수해야 하고
말을 잃고서도 마구간은 고쳐야 한다.

『전국책(戰國策)』

해설 지난 잘못과 실수는 어쩔 수 없지만 미래를 위해 지난 과오를 반성하면 희망이 있을 것이다. 임진왜란을 겪은 류성룡(柳成龍)이 되새긴 말이라 그 의미가 절실하게 다가온다.

牢(뢰) 우리 補(보) 기울 廏(구) 마구간 築(축) 지을

9

교만과 겸손

滿招損,
만 초 손

謙受益.
겸 수 익

➲ 교만은 손해를 불러오고,
겸손함은 이익을 받는다.

『서경(書經)』

해설 자기 혼자 잘났다고 생각하는 사람은 남에게 위화감을 주고, 겸손한 사람은 늘 마음을 열고 배우려고 하기 때문에 발전이 있다.

滿(만) 교만할 招(초) 부를 損(손) 손해 謙(겸) 겸손할

10

개과천선

見善則遷,
견 선 즉 천

有過則改.
유 과 즉 개

➲ 선을 보면 실천에 옮기고,
잘못이 있으면 고쳐야 한다.

『주역』

해설 개과천선(改過遷善)이라는 숙어는 여기서 비롯되었다. 좋은 일은 본받고 잘못은 고칠 때 미래에 희망이 있다.

遷(천) 옮길

11

감정 다스리기

懲忿窒欲.
징 분 질 욕

➲ 자기의 분노를 다스리고 욕심을 막아야 한다.

『주역』

해설 감정적으로 일을 처리하면 나중에 후회하게 되고 욕심에 따라 행동하면 파탄에 이른다.

懲(징) 징계할 忿(분) 성낼 窒(질) 막을

12

환난의 예방

思患而豫防之.
사 환 이 예 방 지

➲ 환난이 있을 것을 생각해서 미리 그것을 예방해야 한다.

『주역』

해설 보통 사람은 아프고 난 뒤에 병원을 찾지만 슬기로운 사람은 평소에 운동을 하고 건강을 조심한다. 유비무환(有備無患)이라고 하지 않았던가.

患(환) 근심 豫(예) 미리

13

스승의 조건

溫故而知新,
온 고 이 지 신

可以爲師矣.
가 이 위 사 의

➲ 옛것을 익혀서 새로운 것을 알면,
가히 스승이 될 수 있다.

『논어』

해설 인류가 남긴 지적인 문화유산을 잘 익혀서 후학들에게 현실을 판단하고 미래를 예측할 수 있는 논리를 제공할 수 있는 사람은 스승의 조건을 갖추었다 할 것이다.

溫(온) 익힐 師(사) 스승

14

티 내지 않기

果而勿矜,
과 이 물 긍

果而勿伐,
과 이 물 벌

果而勿驕.
과 이 물 교

➲ 결과를 이루고 뻐기지 말고,
결과를 이루고 자랑하지 말며,
결과를 이루고 교만하지 말라.

『노자』

해설 목표를 달성했다고 자만하는 순간부터 정체가 시작되는 법이다. 영어에서는 '커멘스먼트(commencement)'라는 말이 졸업식과 함께 또 다른 시작이라는 의미라던가.

矜(긍) 뻐길 伐(벌) 자랑할 驕(교) 교만할

15

선은 기억하고

記善忘過.
기 선 망 과

➲ 남의 선(善)을 기억하고 남의 잘못은 잊는다.

『자치통감』

해설 남의 선행을 기억하면 내 마음이 즐겁고, 남의 잘못을 잊지 않으면 내 마음이 황폐해진다. 부처님은 이 세상의 원한은 원한에 의해서는 결코 풀리지 않고 원한을 버릴 때에만 풀린다고 했다.

忘(망) 잊을

16

신중한 언행

多聞闕疑,
다 문 궐 의

愼言其餘則寡尤.
신 언 기 여 즉 과 우

多見闕殆,
다 문 궐 태

愼行其餘則寡悔.
신 행 기 여 즉 과 회

➲ 많이 들어 의심나는 것을 없애고

듣지 못한 나머지 일에 대해서는 신중히 말한다면 허물이 적어진다.

많이 봐서 위태로운 것을 없애고

보지 못한 나머지 문제에 대해서는 신중히 행동한다면 후회가 적어진다.

『논어』

해설 견문을 넓혀서 모르는 것과 위험한 일을 줄이되 미처

闕(궐) 뺄 疑(의) 의심할 愼(신) 삼갈 寡(과) 적을
尤(우) 허물 殆(태) 위태로울 悔(회) 뉘우칠

알지 못한 문제에 대해서는 신중하게 대처한다면 잘못과 후회가 적어질 것이다. 많이 배웠으면서도 모르는 것에 대해서는 조심히 말하고 신중하게 행동한다면, 누군들 그런 사람에게 일을 맡기고 싶지 않겠는가.

17

자기를 바르게

正己而不求於人.
정 기 이 불 구 어 인

➲ 자기를 바르게 하고 남에게 구하지 않는다.

『중용(中庸)』

해설 바로 처신하고 스스로 자족하고 즐거워하면서 남에게 폐를 끼치거나 피곤하게 만들지 않는다면 그런 사람은 참으로 성숙한 사람이 아니겠는가.

18

생각이 깊은 사람

有深謀者不輕言,
유 심 모 자 불 경 언

有奇勇者不輕鬪,
유 기 용 자 불 경 투

有遠志者不輕于進.
유 원 지 자 불 경 우 진

➲ 깊은 생각이 있는 사람은 결코 가벼이 말하지 않고,
특별한 용기가 있는 사람은 가볍게 싸우지 않으며,
원대한 뜻이 있는 사람은 가볍게 벼슬길에 나가지 않는다.

장조(張潮), 『유몽속영(幽夢續影)』

해설 그 사람의 규모는 그 사람의 처신에서 드러나는 법이다. 그러니 누가 자신을 숨길 수 있겠는가.

深(심) 깊을 輕(경) 가벼울 鬪(투) 싸울 續(속) 이을

19

남을 아는 사람

知人者智,
지 인 자 지

自知者明.
자 지 자 명

勝人者有力,
승 인 자 유 력

自勝者强.
자 승 자 강

➲ 다른 사람을 아는 자는 지혜롭고,
자기를 아는 자는 현명하다.
다른 사람을 이기는 자는 힘이 있고,
자기를 이기는 자는 그 뜻이 굳세다.

『노자』

해설 남의 미덕을 알아보고 배울 줄 아는 사람은 지혜로운 사람이고, 자기의 가능성과 한계를 깨닫는 사람은 참으로 현명한 사람이다. 남을 이기려면 힘이 있어야 하고 자기 스스로를 통제할 줄 아는 사람은 참으로 강한 사람이다.

큰 그릇

大器晚成,
대 기 만 성

大音希聲,
대 음 희 성

大象無形.
대 상 무 형

➲ 큰 그릇은 늦게 이뤄지며
큰 소리는 잘 들리지 않으며
큰 모양은 형태가 없다.

『노자』

해설 공자처럼 큰 인격은 많은 공부와 수행을 한 뒤에 완성되며, 자연의 소리처럼 너무나 큰 소리는 인간의 좁은 귀로는 듣기가 어렵고, 어머니의 사랑처럼 아주 큰 모습은 잘 보이지 않는다. 작은 배들은 바람에 흔들리고 파도에 출랑이지만, 큰 컨테이너 선박은 가도 움직이지 않는 것 같고 웬만한 물결이나 바람에도 끄떡없다.

器(기) 그릇 晚(만) 늦을 希(희) 드물 聲(성) 소리

21

사람을 쓸 때에는

用人者, 取人之長, 辟人之短也,
용 인 자 　취 인 지 장 　피 인 지 단 야

敎人者, 成人之長, 去人之短也.
교 인 자 　성 인 지 장 　거 인 지 단 야

➲ 사람을 쓸 때에는 사람의 장점을 취하고 단점을 피하며
남을 가르칠 때는 그 사람의 장점을 이루어주고 단점을 없애준다.

위원(魏源)

해설 　　틱낫한(Thich Nhat Hanh) 스님은 자비로운 눈길로 중생을 바라보면(慈眼視衆生) 모든 것이 아름답게 보인다고 했다.

辟(피, = 避) 피할 　　魏(위) 성(姓), 나라 이름

22

사람을 기르는 일

一年之計, 莫如樹穀,
일 년 지 계 막 여 수 곡

十年之計, 莫如樹木,
십 년 지 계 막 여 수 목

終身之計, 莫如樹人.
종 신 지 계 막 여 수 인

➲ 한 해의 계책은 곡식을 심는 것보다 나은 것이 없고,
십 년의 계책은 나무를 심는 것보다 나은 것이 없으며,
백 년의 계책은 사람을 기르는 것보다 나은 것이 없다.

『관자(管子)』

해설 인재를 양성하는 것보다 더 중요한 일이 어디 있겠는가. 안창호 선생이 흥사단(興士團) 운동을 벌인 것도 나라를 구할 인재를 양성하려는 마음에서 비롯된 것이 아니겠는가.

樹(수) 세울, 나무　　穀(곡) 곡식　　管(관) 피리

23

스승의 역할

師者,
사 자

所以傳道,
소 이 전 도

授業,
수 업

解惑也.
해 혹 야

➲ 스승은
도를 전하고
수업을 하며
학생들의 의문을 해명해 주어야 하는 것이다.

한유(韓愈)

해설 참된 스승은 진리를 전하고 가르치는 일을 게을리하지 않으며, 학생들의 지적호기심을 만족시켜 주기 위해 늘 충분한 공부와 수업 준비를 한다.

授(수) 줄 惑(혹) 의심할, 의혹할

24

질문과 대답

善待問者如撞鐘.
선 대 문 자 여 당 종

叩之以小者則小鳴,
고 지 이 소 자 즉 소 명

叩之以大者則大鳴.
고 지 이 대 자 즉 대 명

➲ 질문에 잘 대답하는 것은 종 치는 것과 같다.
작은 것으로 치면 작게 울리고
큰 것으로 치면 크게 울린다.

『예기(禮記)』

해설 문제 속에 답이 있다. 큰 문제를 던지면 큰 대답이 나오고, 작은 문제를 던지면 작은 대답이 나온다. 질문하는 것을 보면 그 사람의 수준을 알 수 있다.

撞(당) 칠　　鐘(종) 종　　鳴(명) 울

제4강

배워서 지혜를 모으고

태어나면서부터 진리를 알고 태어난 사람이 있을까. 아무리 천재라 하더라도 배움을 통해 타고난 자질을 갈고 다듬지 않는다면 어찌 그 재능을 발현할 수 있겠는가. 연암 박지원 선생은 순임금이나 공자 같은 성인도 밭 갈고, 씨 뿌리고, 질그릇 굽고, 고기 잡는 일부터 정치하는 일에 이르기까지 다른 사람에게 배우지 않은 것이 하나도 없다고 말했다. 이처럼 세상의 이치를 배우려고 하지 않고, 남에게 물어보는 것을 부끄럽게 여기는 사람은 자기를 평생 고루하고 무식한 처지에 가두어 "우물 안의 개구리" 신세로 전락할 것이다.

학문의 뜻

學以聚之, 問以辨之,
학 이 취 지 문 이 변 지

寬以居之, 仁以行之.
관 이 거 지 인 이 행 지

➲ 배워서 지혜를 모으고 물어서 옳은 것을 분별해 내고,
너그러운 마음으로 살며 사랑을 실천한다.

『주역』

해설 부지런히 배우고 모르는 것을 물어보는 것이 학문의 길이다. 이러한 탐구 자세와 함께 남을 배려할 줄 아는 마음까지 지닌다면 금상첨화(錦上添花)가 아닐까. 영국의 철학자 버트런드 러셀(Bertrand Russell)은 그의 자서전에서 선한 생활은 사랑에 의해 고무되고 지식에 의해 인도된다고 했다.

聚(취) 모을 辨(변) 분별할 寬(관) 너그러울

대학의 도

大學之道,
대 학 지 도

在明明德,
재 명 명 덕

在親民,
재 친 민

在止於至善.
재 지 어 지 선

➲ 대학의 도는
밝은 덕을 밝히는 데에 있으며
백성을 친애하는 데에 있으며
지극한 선에 머무는 데에 있다.

『대학』

해설 대학의 도는 학생들의 잠재력을 계발하고 민중의 문제를 학문적으로 해결하며, 인간을 고도의 지적·도덕적 수준에 도달하도록 하는 데에 있다.

널리 배우고

博學之, 審問之,
박 학 지 심 문 지

愼思之, 明辨之,
신 사 지 명 변 지

篤行之.
독 행 지

➲ 널리 배우고 자세히 묻고,
신중히 생각하고 명쾌하게 따져보고,
돈독히 실천한다.

『중용』

해설 동서고금의 학문을 두루 배우고 익혀서 자기 몸으로 실천한다면 정말 제대로 공부한 사람일 것이다. 실학자들은 박학을 '하나의 책에 전적으로 의지하지 말라(勿全靠於一書)'는 의미로 해석했다.

博(박) 넓을 審(심) 자세할 愼(신) 신중할 篤(독) 돈독할

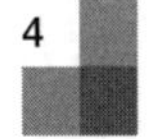

공부하는 자세

博學而篤志,
박 학 이 독 지

切問而近思.
절 문 이 근 사

➲ 널리 배우고 뜻을 독실하게 하며,
절실한 심정으로 묻고 가까운 것을 미루어 생각할 줄 안다.

『논어』

해설 공부하는 자세에 대한 자하(子夏)의 명언이다. 넓게 두루 배우고 목표를 확실히 하며, 모르는 것이 있으면 간절한 심정으로 물어보면서 자기를 미루어 남의 마음을 짐작한다는 뜻이다.

博(박) 넓을　　篤(독) 도타울

5

아랫사람에게 물어보기

敏而好學,
민 이 호 학

不恥下問.
불 치 하 문

➲ 부지런히 배우기를 좋아하고
아랫사람에게 묻는 것을 부끄러워해서는 안 된다.

『논어』

해설 조선 후기 실학자 박지원은 노비라도 자기보다 한 자를 더 안다면 그에게 배워야 한다고 했다. 진리 앞에 겸손하라는 뜻이다.

敏(민) 민첩할 恥(치) 부끄러울

6

학문과 사색

學而不思則罔,
학 이 불 사 즉 망

思而不學則殆.
사 이 불 학 즉 태

➲ 배우되 생각하지 않으면 잊어버리고
생각하되 배우지 않으면 위태로워진다.

『논어』

해설 학교에서 스승으로부터 체계적으로 강의를 듣더라도 사색의 과정을 거쳐 자기의 것으로 소화하지 않는다면 쉽게 잊어버리며, 혼자 생각만 하고 그것을 보편적인 학문 체계로 일반화할 줄 모른다면 독단에 빠질 가능성이 많다.

罔(망, 忘과 통용) 잊을 殆(태) 위태할

학자의 길

默而識之,
묵 이 지 지

學而不厭,
학 이 불 염

誨人不倦.
회 인 불 권

➲ 말없이 진리를 기억하고
배우는 것을 싫어하지 않고
남을 가르치는 것을 귀찮게 여기지 않는다.

『논어』

해설 진리를 깊이 내면화하고 부지런히 공부하는 것은 지혜롭게 되는 길이고 즐거운 마음으로 남을 가르쳐주는 것은 사랑의 구체적 표현이다. 영국의 경제학자 앨프레드 마셜(Alfred Marshall)은 그의 『경제학원리』 서문에서 공부하는 사람은 차가운 머리(cool head)와 따뜻한 가슴(warm heart)을 가져야 한다고 했다.

默(묵) 말없을 識(지) 기억할, 알 厭(염) 싫어할 誨(회) 가르칠
倦(권) 게으를

8

가르치고 배움

教學相長.
교 학 상 장

➲ 가르치고 배우면서
서로 발전한다.

『예기』

해설 젊은 세대는 기성세대에게 경험과 지혜를 배우고 기성세대는 젊은 세대의 순수한 열정과 도전정신에 자극을 받는다. 스승과 제자 간의 지적 긴장은 서로의 발전을 위해 필요하다. 가르치면서 확실히 알게 되고, 배우면서 새로운 지혜를 얻는다.

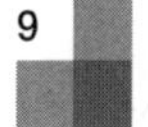

9

사람과 도

人能弘道,
인 능 홍 도

非道弘人.
비 도 홍 인

➲ 사람이 도를 넓히는 것이지
도가 사람을 넓히는 것이 아니다.

『논어』

해설 아무리 객관적인 조건이 좋다고 하더라도, 사람이 공부하려 하지 않는다면 다 소용없는 일이다. 박노해 시인이 "사람만이 희망이다"라고 하지 않았던가.

10

학문의 도

學問之道, 無他,
학 문 지 도 무 타

有不識,
유 불 식

執塗之人而問之, 可也.
집 도 지 인 이 문 지 가 야

➲ 학문의 도는 다른 데에 있는 것이 아니라
모르는 것이 있으면
길 가는 사람을 잡고라도 물어보는 것이 옳다.

박지원, 『북학의서(北學議序)』

해설 진리를 향한 열망이 간절한 사람이라면, 모르는 것이 있으면 누구에게라도 배우지 않겠는가. 하물며 훌륭한 스승임에랴.

執(집) 잡을 塗(도) 길

11

묻고 배우기

舜與孔子之爲聖,
순 여 공 자 지 위 성

不過好問於人,
불 과 호 문 어 인

而善學之者也.
이 선 학 지 자 야

➲ 순임금과 공자가 성인이 된 것은
다른 사람에게 물어보기를 좋아하고
배우기를 잘하는 것에 불과한 것이다.

『북학의서』

해설 공자는 태어날 때부터 지덕을 겸한 성인이 된 것이 아니다. 불우한 환경 때문에 남들보다 늦게 공부를 시작했지만 참으로 묻고 배우기를 좋아했기 때문에 인류의 스승이 되었다. 정인보 선생도 강진으로 유배를 간 다산(茶山)을 두고 "몸은 더욱 곤궁해졌으나 학문은 더욱 정밀해졌다(身益窮, 學益精)"라고 말했다.

聖(성) 성스러울 善(선) 잘할, 착할

12

앎의 단계

知之者, 不如好之者,
지 지 자 불 여 호 지 자

好之者, 不如樂之者.
호 지 자 불 여 락 지 자

➲ 진리를 아는 사람은 진리를 좋아하는 사람만 못하고
진리를 좋아하는 사람은 진리를 즐거워하는 사람만 못하다.

『논어』

해설 인간관계에서도 단지 알고 지내는 사람, 좋아하는 사람, 그리고 그로 인해 즐겁고 행복해지는 사람의 구별이 있듯이 진리 탐구의 경우에도 진리를 머리로 알고 있는 사람, 진리를 가슴으로 좋아하는 사람, 몸으로 진리를 즐기며 생활하는 사람의 차이가 있다.

13

위기지학과 위인지학

古之學者爲己,
고 지 학 자 위 기

今之學者爲人.
금 지 학 자 위 인

➲ 옛날에 공부하는 사람들은
자신의 내면적 성취를 위한 학문을 하였는데,
지금 공부하는 사람들은
남의 눈을 의식한 학문을 한다.

『논어』

해설 공부하는 사람 중에는 자기가 설정한 목표를 향해 공부하는 사람도 있고 남의 눈이나 평가에 신경을 쓰면서 공부하는 사람도 있다. 전자를 위기지학(爲己之學)이라 하고, 후자를 위인지학(爲人之學)이라 한다.

14

전통과 창조

法古創新.
법 고 창 신

➲ 옛것을 배우고 새로운 것을 창조한다.

박지원, 『연암집(燕巖集)』

해설 과거의 전통이나 문화를 배우는 목적은 결국 새로운 미래를 개척하기 위한 것이다. 과거는 과거 자체로서의 의미가 있는 것이 아니라 오늘을 이해하고, 미래를 창조하기 위해서 끊임없이 재해석해야 하는 것이다. 『사기(史記)』에도 "학문을 닦아 옛 지혜를 배우고, 실제 일에서 바름을 구한다(修學好古, 實事求是)"라는 명언이 있다.

15

아는 것을 안다고 하고

知之爲知之,
지 지 위 지 지

不知爲不知,
부 지 위 부 지

是知也.
시 지 야

➲ 아는 것을 안다고 하고
모르는 것을 모른다고 하는 것,
이것이 바로 안다는 것이다.

『논어』

해설 무엇을 아는지 무엇을 모르는지가 분명해야 어디서부터 공부해야 할지를 알게 된다. 하나를 알아도 정확히 안다면 그 하나를 미루어 다른 것을 짐작할 수 있을 것이다.

爲(위) 말할, 할, 될, 위할, 생각할

16

참 배움의 뜻

賢賢易色,
현 현 역 색

事父母能竭其力,
사 부 모 능 갈 기 력

事君能致其身,
사 군 능 치 기 신

與朋友交, 言而有信,
여 붕 우 교 언 이 유 신

雖曰未學,
수 왈 미 학

吾必謂之學矣.
오 필 위 지 학 의

➲ 어진 이를 어진 이로 대우하기를 아름다운 여인을 좋아하듯이 하며

부모를 섬길 때는 능히 그 힘을 다하고

임금을 섬길 때에는 능히 그 몸을 바치며

친구와 더불어 사귈 때에는 말을 믿음성 있게 한다면

누가 그를 배우지 않았다고 하더라도

나는 반드시 그를 배웠다고 하겠다.

『논어』

해설 비록 정규 학교를 다니지 않았더라도 행동을 올바르게 한다면 그 사람은 현실 체험을 통해 배운 사람이라고 할 것이다. 형식과 제도보다 내용과 실질이 더 중요하지 않겠는가.

竭(갈) 다할　　致(치) 바칠, 이룰

17

배움에 대한 열정

朝聞道,
조 문 도

夕死可矣.
석 사 가 의

➲ 아침에 도를 들으면
저녁에 죽어도 좋다.

『논어』

해설 아침에 도를 들으면 저녁에 죽어도 소원이 없겠다고 했을까. 이러한 배움에 대한 열정이 결국 공자를 큰 인물로 만든 것이 아닐까. 사마상여(司馬相如)도 "비상한 노력을 한 뒤에 특별한 공적이 있다(有非常之事, 然後非常之功)"라고 했다.

18

지혜의 생리

智猶水也,
지 유 수 야

不流則腐.
불 류 즉 부

➲ 지혜는 물과 같아서
흐르지 않으면 썩는다.

『송명신언행록(宋名臣言行錄)』

해설 『대학』에서 날마다 새로워지고 또 날마다 새로워지라고 했듯이 늘 새롭게 나아가지 않으면 정체되고 퇴보할 수밖에 없다. 지혜를 밝히는 공부를 하는 것은 흘러가는 물 위에 떠 있는 배와 같아서 앞으로 나아가지 않으면 자꾸만 아래로 밀려간다.

猶(유) 같을　　腐(부) 썩을

19

용서하되 잊지 말고

前事之不忘, 後事之師.
전 사 지 불 망, 후 사 지 사

➲ 지난 일을 잊지 않는 것은
뒷일의 길잡이가 된다.

『전국책(戰國策)』

해설 E. H. 카(E. H. Carr)가 역사는 과거와 현재와의 대화라고 했듯이 과거를 돌아보는 것은 오늘날의 문제를 풀고 미래를 예측하기 위함이다.

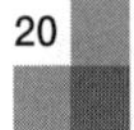

아는 것과 행하는 것

非知之難也,
비 지 지 난 야

處知則難也.
처 지 즉 난 야

➲ 아는 것이 어려운 것이 아니라
아는 것을 실천하는 것이 어렵다.

『한비자(韓非子)』

해설 제대로 아는 것도 쉬운 일은 아니지만 아는 것을 몸으로 실천하는 것은 말처럼 쉬운 것이 아니다.

21

태산이 높은 까닭

泰山不讓土壤, 故能成其大,
태 산 불 양 토 양 고 능 성 기 대

河海不擇細流, 故能就其深.
하 해 불 택 세 류 고 능 취 기 심

➲ 태산은 흙을 사양하지 않은 까닭에 그렇게 크게 되었고, 강과 바다는 시냇물을 가리지 않았기 때문에 그렇게 깊은 것이다.

『자치통감』

해설 나무가 크게 자라기 위해서는 거름을 많이 모아야 하고 큰 인물이 되려면 열린 마음으로 두루 많이 배워야 한다.

讓(양) 사양할 壤(양) 땅

22

옥과 사람

玉不琢, 不成器,
옥 불 탁　 불 성 기

人不學, 不知道.
인 불 학　 부 지 도

➲ 옥은 쪼아 가공하지 않으면, 쓸모 있는 그릇이 될 수 없고
사람은 배우지 않으면, 진리를 알지 못한다.

『예기』

해설　배워야 도를 안다는 것은 당연한 이치이다. 문제는 실천에 있다는 것이다. 회남왕 유안(劉安)은 "강가에서 고기를 선망하기보다 집에 돌아가 그물을 짜는 것이 낫다(臨河而羨魚, 不如歸家織網)"라고 했다.

琢(탁) 쫄　　羨(선) 바랄　　織(직) 짤　　網(망) 그물

23

구하면 얻을 것이고

求則得之,
구 즉 득 지

舍則失之.
사 즉 실 지

➲ 노력해서 구하면 얻고,
버려두면 잃어버린다.

『맹자』

해설 『성경』에도 "구하라 그러면 얻을 것이요, 두드리라 그러면 열릴 것이다"라는 말이 있다.

舍(사) 집, 버려둘

24

선후를 알면

物有本末, 事有終始,
물 유 본 말 사 유 종 시

知所先後, 則近道矣.
지 소 선 후 즉 근 도 의

➲ 모든 일에는 근본과 말단이 있고 일에는 시작과 끝이 있으니, 먼저 해야 할 것과 나중에 해야 할 것을 알면 도에 가까울 것이다.

『대학』

해설 일을 할 때는 중요한 것과 덜 중요한 것을 분별해서 중요한 것을 먼저 해야 한다.

제5강

손에서 책을 놓지 않고

우리는 낯선 길을 갈 때 내비게이션을 켜고 간다. 우리는 궁금한 것이 있을 때 검색을 하고 질문을 한다. 이런 정보와 지식의 근원은 책에 있다. 그래서 책 속에 길이 있다고 하는 것이다. 옛 책은 과거 인류의 지적 문화유산을 전해주고, 새로 나온 책은 현실을 판단하고 미래를 예측하는 길잡이가 된다.

가장 맑은 일

讀書,
독 서

是人間第一件淸事.
시 인 간 제 일 건 청 사

➲ 책을 읽는 것은
인간이 할 수 있는 일 가운데 가장 맑은 일이다.

『여유당전서(與猶堂全書)』, 「기이아(寄二兒)」

해설 진리로 인간을 자유롭게 해주고 우리의 정신을 맑게 하는 것이 독서이다. 조선 후기 실학의 집대성자 다산 정약용이 자기 아들에게 준 편지에 한 말이다.

淸(청) 맑을 鏞(용) 종

2

친구와 독서

出交天下士,
출 교 천 하 사

入讀古人書.
입 독 고 인 서

➲ 나가서는 천하의 뜻 있는 선비와 사귀고,
집에 들어와서는 옛 선현이 남긴 책을 읽는다.

이가원(李家源)

해설 공부하는 사람의 생활을 말한 것이다. 나는 이 글을 나의 스승 이가원 선생님의 서예전에서 처음 보고 마음에 담아두었다. '출교천하사(出交天下士)'를 '출위천하사(出爲天下事: 나가서는 천하의 일을 하다)'로 바꾸어도 괜찮을 것이다.

交(교) 사귈 讀(독) 읽을

3

천하를 위한 독서

一士讀書,
일 사 독 서

澤及四海,
택 급 사 해

功垂萬世.
공 수 만 세

➲ 한 선비가 책을 읽으면
그 혜택이 온 사해에 미치고
그 공적이 만세에 드리운다.

『연암집』

해설 인간이 인간답게 살 수 있는 세상을 만드는 데에 기여하는 참된 해방의 지식은 이 세상에 엄청난 영향을 줄 것이다. 주자(朱子)도 하루의 반은 정좌(靜坐)하고, 나머지 반은 독서할 것을 권했다.

澤(택) 은혜, 못 垂(수) 드리울 趾(지) 발

4

독서의 결과

貧者因書富, 富者因書貴.
빈 자 인 서 부　부 자 인 서 귀

愚者得書賢, 賢者因書利.
우 자 득 서 현　현 자 인 서 리

➲ 가난한 사람이 책을 읽으면 부자가 되고
부자가 책을 읽으면 귀하게 된다.
어리석은 사람이 책을 읽으면 현명하게 되고
똑똑한 사람이 책을 읽으면 이롭게 된다.

왕안석(王安石), 「왕형공권학문(王荊公勸學文)」

해설　중국 송나라 학자 왕안석이 당시 젊은이들에게 책읽기를 강조한 것을 보면 예나 지금이나 젊은이는 공부보다 놀기를 좋아하는 모양이다. 오늘 공부하지 않고 내일의 희망이 있다고 하지 말라는 주자의 말처럼 봄에 씨를 뿌리지 않고 어떻게 가을에 결실을 기대할 수 있겠는가.

愚(우) 어리석을　賢(현) 어질

5

문제해결형의 독서

讀書, 知其得失理亂之源,
독서 지기득실리란지원

又須留心實用之學,
우수유심실용지학

樂觀古人經濟文學.
낙관고인경제문학

➲ 책을 읽을 때는 정치의 득실과 잘 다스려지고 못 다스려지는 원인을 알아야 하며,
또한 모름지기 실용의 학문에 마음을 두어
옛 사람들이 나라를 경영하고 민중을 구제하던 학문을 하기를 좋아해야 한다.

『여유당전서』, 「기이아」

해설 정약용은 입신출세를 위한 독서나 관념적인 도학 위주의 독서를 비판하고, 당시 현실 문제를 해결하는 데에 기여할 수 있는 문제해결형 독서를 권한다. 학문하는 이는 모름지기 현실을 바로잡고 나라를 구하는 실천적 이론을 탐구하라는 것이다.

理(리) 다스릴 亂(난) 어지러울 源(원) 근원 濟(제) 구제할

독서와 체험

讀書之要,
독 서 지 요

必以聖賢言行, 體之身.
필 이 성 현 언 행 체 지 신

➲ 독서를 하는 중요한 목적은
성현의 말과 행동을 몸으로 체험해 보는 데에 있다.

『퇴계집(退溪集)』, 「언행록(言行錄)」

해설 독서는 독서 그 자체로 의미가 있는 것이 아니라 옛 성현들의 가르침을 직접 실현해 봄으로써 그 진리를 구현하는 데에 의미가 있다.

體(체) 몸 滉(황) 물 깊을

도에 이르는 독서

入道莫先於窮理,
입 도 막 선 어 궁 리

窮理莫先於讀書.
궁 리 막 선 어 독 서

➲ 도를 깨닫기 위해서는 이치를 궁리하는 것보다 먼저 해야 할 것이 없고,
이치를 궁리하기 위해서는 독서보다 나은 것이 없다.

이이(李珥), 『격몽요결(擊蒙要訣)』

해설 진리에 도달하는 길은 여러 가지가 있겠지만 가장 효과적인 방법이 독서라는 말이다. 율곡 이이는 또 독서하기에 가장 적당한 시간은 밤이라고 하면서, 젊은이들에게 야독(夜讀)을 권했다.

莫(막) 말　窮(궁) 다할　珥(이) 귀걸이

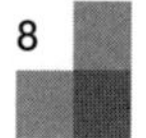

8

공부와 실용

所貴乎講學者,
소 귀 호 강 학 자

爲其實用也.
위 기 실 용 야

➲ 공부를 하는 데에 제일 귀하게 여기는 점은
그것을 실용하는 데에 있다.

『연암집』, 「원사(原士)」

해설 공부를 하는 궁극적인 목적은 글 잘한다는 소리를 듣기 위한 것이 아니라 사람들의 생활을 편리하게 하는 데에 있다는 것이다. 박지원의 이와 같은 학문 자세는 당시 이용후생(利用厚生) 학파의 실학사상을 단적으로 보여준다.

講(강) 익힐

9

앎과 실천

先知以後行, 此古今之通義也.
선 지 이 후 행 차 고 금 지 통 의 야

雖然知得半分,
수 연 지 득 반 분

必繼以行得半分.
필 계 이 행 득 반 분

➲ 먼저 안 다음에 행하는 것은 고금의 공통된 의리이다.
비록 그렇다 하여도 반분을 알면
반드시 이어서 반분을 행해야 한다.

홍대용, 『담헌서(湛軒書)』

해설 먼저 안 뒤에 행하는 것이 맞는 말이지만 조선 후기 사회는 너무나 현실과 동떨어진 학문이 지배적이어서 실학자 홍대용은 특별히 이론의 실천을 강조한 것이다.

雖(수) 비록 繼(계) 이을 容(용) 얼굴

10

실제의 학문

有民人焉, 有社稷焉,
유 민 인 언 유 사 직 언

何必讀書, 然後爲學.
하 필 독 서 연 후 위 학

➲ 백성들도 있고 국가의 사직도 있는데
어찌 글을 다 읽은 뒤에 학문을 한다고 할 수 있겠는가.

『논어』

해설 국민을 다스리고 나라를 경영하는 것은 실제의 학문인데 꼭 책을 붙들고 있는 것만 학문이라고 할 수 있겠느냐는 공자의 제자 자로(子路)의 말이다. 자로는 말보다 행동을 중시했다.

社(사) 토지신 稷(직) 곡식신

11

집중 독서

凡看書, 默誦其文, 玩索其意,
범간서 묵송기문 완색기의

參以註釋, 潛心溫繹,
참이주석 잠심온역

若徒寓目而心不在, 亦無益也.
약도우목이심부재 역무익야

➲ 무릇 책을 볼 때에는 글을 마음속으로 외면서 뜻을 음미하되 주석을 참고하고 마음을 집중해서 그 의미를 풀이해야 한다. 한갓 눈으로 보기만 하고 마음을 두지 않으면 아무런 소득이 없다.

홍대용, 『담헌서』

해설 홍대용은 독서의 방법으로 마음을 집중해서 읽는 정독을 권한다. 마음을 집중해서 그 글의 깊은 의미를 파악해야 한다는 것이다. 만약에 그렇게 되지 않으면 묵묵히 앉아서 눈을 감고 마음을 단전에 집중하면 들뜬 생각을 물리칠 수 있다고 했다.

默(묵) 말없을 誦(송) 욀 玩(완) 익을 索(색) 찾을
潛(잠) 잠길 溫(온) 익힐 繹(역) 풀이할 徒(도) 한갓
寓(우) 붙일

12

마음이 있지 아니하면

心不在焉,
심 부 재 언

視而不見,
시 이 불 견

聽而不聞,
청 이 불 문

食而不知其味.
식 이 부 지 기 미

➲ 마음이 있지 아니하면
보아도 보이지 않고
들어도 들리지 않고
밥을 먹어도 그 맛을 모른다.

『대학』

해설 마음을 집중시키지 않고 책을 읽으면 눈은 책에 있으나 마음은 어느덧 콩밭에 가 있다. 손으로 책장은 넘기지만 글의 뜻을 파악하지 못하는 것은 다 마음이 전일(專一)하지 않기 때문이다.

13

책을 볼 때

學者, 看書, 當熟讀之,
학 자 간 서 당 숙 독 지

深思之, 期至於得意.
심 사 지 기 지 어 득 의

➲ 공부하는 사람이 책을 볼 때 마땅히 익숙하게 읽고,
깊이 생각하여 글쓴이의 뜻을 얻는 것을 목표로 해야 한다.

이제현(李齊賢)

해설 좋은 책은 반복해서 읽으며 그 의미를 생각해서 완전히 익혀야 한다. 그래야만 저자가 전하려는 말의 의미를 깨닫게 될 것이다.

14

책 속의 의미를 알아야

讀書之法,
독 서 지 법

必要識得其心意妙處然後,
필 요 식 득 기 심 의 묘 처 연 후

方始見效.
방 시 견 효

➲ 책을 읽는 법은
반드시 그 마음과 뜻의 묘한 곳을 터득해 안 뒤라야
바야흐로 효과를 볼 수 있는 것이다.

임상덕(林象德)

해설 책을 읽을 때는 겉으로만 대강 읽어서는 소용이 없고, 글쓴이의 깊은 마음을 잘 파악한 뒤에라야 잘 활용할 수 있다.

識(식) 알

15

독서의 방법

讀書之法, 莫善於課,
독서지법 막선어과

莫不善於拕.
막불선어타

➲ 독서의 방법은 과정을 정해놓고 하는 것보다 더 좋은 것이 없으며 질질 끄는 것보다 더 나쁜 것은 없다.

『연암집』, 「원사」

해설 효과적으로 공부하기 위해서는 순서를 정해놓고 체계적이고 단계적으로 하는 것이 좋으며, 읽다 말다 하는 것이 제일 비능률적이다.

課(과) 매길 善(선) 좋을, 잘할, 착할 拕(타) 끌

16

책을 대하는 자세

對書勿欠, 對書勿伸, 對書勿睡,
대 서 물 흠　대 서 물 신　대 서 물 수

若有嚏咳, 回首避書, 翻紙勿以涎,
약 유 체 해　회 수 피 서　번 지 물 이 연

標旨勿以爪
표 지 물 이 조

➲ 책을 대해서는 하품을 하지 말고, 기지개를 켜지도 말며 졸지도 말아야 한다.
재채기나 기침이 날 때에는 머리를 돌려 책을 피하고, 책장을 넘기되 침을 묻혀서 하지 말고,
표지를 할 때 손톱으로 해서는 안 된다.

『연암집』, 「원사」

해설　박지원은 진리가 담긴 책을 함부로 대해서는 안 된다는, 책에 대해 사뭇 경건한 태도를 보여주었다. 그래서 책을 베고 자거나 책으로 그릇을 덮거나 책을 어지럽게 던져두는 것을 매우 못마땅하게 여겼다.

欠(흠) 하품　伸(신) 펼　睡(수) 잠잘
嚏(체) 재채기, (혜) 기침　咳(해) 기침　避(피) 피할
翻(번) 뒤집을　紙(지) 종이　涎(연) 침　爪(조) 손톱

17

책을 읽지 않으면

士君子閑居無事, 不讀書何爲.
사 군 자 한 거 무 사 부 독 서 하 위

不然,
불 연

小則昏睡博奕, 大則誚謗人物.
소 즉 혼 수 박 혁 대 즉 초 방 인 물

➲ 공부하는 사람이 시간이 날 때 책을 읽지 않고 무엇을 하겠는가.
책을 읽지 않으면
작게는 잠만 자거나 바둑을 두게 되며, 크게는 남을 비방하게 된다.

이덕무(李德懋), 『청장관전서(靑莊館全書)』

해설 공부하는 사람이 책을 가까이하지 않으면 자연히 게을러지고 쓸데없이 남을 비방하게 된다는 것이다. 그러니 시간이 나면 책을 가까이하라는 것이다. 수불석권(手不釋卷: 손에서 책을 놓지 않는다)이라고 하지 않는가.

閑(한) 쉴 博(박) 장기 奕(혁) 바둑 誚(초) 꾸짖을
謗(방) 헐뜯을

18

독서와 산책

夜讀不過三更,
야 독 불 과 삼 경

無味則止, 安步而行,
무 미 즉 지 안 보 이 행

不出三四十里.
불 출 삼 사 십 리

➲ 밤에 글을 읽을 때는 삼경을 넘지 말고
글맛이 없으면 그만두고 편안한 마음으로 산보를 하되
삼사십 리를 넘지 말아야 한다.

『청장관전서』

해설 공부가 아무리 중요하기로서니 건강보다 중요하랴. 공부하다가 늦을 수는 있지만 새벽 한 시를 넘어서까지 책을 보는 것은 아무래도 무리이다. 책을 읽다가 다른 생각이 나거나 좀이 쑤실 때는 책장을 덮고 가볍게 산책을 하되 무리하게는 하지 말 일이다.

19

독서군자

澤萬民育萬物底意思,
택 만 민 육 만 물 저 의 사

然後方做得讀書君子.
연 후 방 주 득 독 서 군 자

➲ 만민을 윤택하게 하고 만물을 잘 자라게 하겠다는 뜻을 가진 뒤에라야
바야흐로 참된 독서군자가 될 수 있다.

『여유당전서』, 「기이아」

해설 박지원은 독서를 해도 학문에 진보가 없는 것은 사사로운 마음을 갖기 때문이라고 했다. 정약용은 책을 읽을 때 먼저 세상 사람과 만물을 생각하는 마음가짐을 가져야 함을 말하면서 이러한 올바른 문제의식이 없으면 아무리 책을 많이 읽어도 소용이 없다고 했다. 가장 높이 나는 새가 가장 멀리 본다고 하지 않았던가.

底(저) 밑, 어조사　　做(주) 지을, 만들

20

초서의 방법

鈔書之法,
초 서 지 법

必先定己志.
필 선 정 기 지

➲ 남의 책을 요약할 때는
반드시 먼저 자기의 뜻을 정해놓아야 한다.

『여유당전서』, 「기유아」

해설 책을 읽을 때 그 요점을 정리하는 것이 필요하다. 그런데 이러한 초서를 할 때 먼저 자기의 주견(主見)이 확립되어 있어야 취사선택이 가능한 법이다.

約(약) 묶을　程(정) 성, 단위　伊(이) 어조사

책의 핵심

書不必多看,
서 불 필 다 간

要知其約.
요 지 기 약

➲ 책은 반드시 많이 읽을 필요가 없고
요컨대 그 핵심을 알아야 한다.

정이천(程伊川)

해설 책을 아무리 많이 읽어도 그 핵심 내용을 파악하지 못한다면 만 권의 책을 읽는다 한들 무슨 소용이 있겠는가.

鈔(초) 베낄 定(정) 정할

22

책 내용의 정리

凡得一書,
범 득 일 서

惟吾學問中有補者,
유 오 학 문 중 유 보 자

採掇之.
채 철 지

➲ 무릇 책 한 권을 얻어 읽을 때
나의 학문에 보탬이 된다고 생각하면
뽑아서 정리해야 된다.

『여유당전서』, 「기이아」

해설 책을 읽고 핵심적인 내용을 정리해 두면 나중에 활용할 때 편리하다. 메모를 하는 것은 기억의 한계를 메워주는 좋은 습관 중 하나이다.

採(채) 캘 掇(철) 엮을 鏞(용) 종

23

나라를 구하는 독서

讀書不忘救國.
독 서 불 망 구 국

➲ 책을 읽되 나라 구하는 것을 잊지 않는다.

경구

해설 학인(學人)의 본분이 공부하는 것이지만, 나라가 어려울 때에는 책을 덮고 나라를 구하러 일어나야 한다는 말이다. 4·19 혁명과 6·10 민주화운동 때의 학생과 교수들의 행동은 역사의 물줄기를 올바로 돌려놓지 않았던가.

忘(망) 잊을 救(구) 건질

24

여유 있는 책읽기

閑靖少言, 不慕榮利.
한 정 소 언 불 모 영 리

好讀書, 不求甚解.
호 독 서 불 구 심 해

➲ 한가하고 편안하게 생활하며 말을 줄이고, 영화와 이익을 바라지 않는다.
책 읽기를 좋아하나, 깊이 따지려 하지는 않는다.

도연명(陶淵明), 『오류선생전(五柳先生傳)』

해설 나이가 들면 눈은 어두워지나 심안(心眼)은 밝아진다. 이럴 때엔 어디에도 얽매이지 않고 여유 있고 자유롭게 글을 읽는 것도 현명한 독서법의 하나일 듯하다.

閑(한) 한가할 靖(정) 편안할 慕(모) 바랄, 그리워할
榮(영) 영화, 꽃

제6강

자발적 가난

우리는 지금 끊임없이 욕망을 자극하고 소비를 부추기는 광고의 홍수 속에 살고 있다. 자본주의 체제는 우리 현대인들이 물질을 소유하는 데에서 존재 의의를 느끼도록 강요한다. 산업화가 진행되면서 환경친화적인 자급자족의 농업공동체는 붕괴되고, 오직 편리함과 이윤만을 추구하는 물질만능주의적 가치관이 팽배하게 되었다. 인간들은 남보다 더 많이 소유하고 더 많이 소비하는 것이 행복이라는 환상을 가진 욕망의 포로가 되어버렸다.

1

가난을 즐기며

貧而無諂, 富而無驕, 可也.
빈 이 무 첨 부 이 무 교 가 야

未若貧而樂, 富而好禮者也.
미 약 빈 이 락 부 이 호 례 자 야

➲ 가난하면서도 아첨하지 않고, 부자이면서도 교만하지 않는 것은 좋은 일이다.
그러나 가난하면서도 즐거워하고, 부유하면서도 예를 좋아하는 것만 같지는 못하다.

『논어』

해설 공자의 제자 자공이 "가난하면서도 아첨하지 않으며 부유하면서도 교만하지 않으면 어떻습니까?" 하고 묻자 공자는 "그것도 괜찮지만 가난하되 그 생활을 즐기고 부유하면서도 예를 아는 것 같지는 못하다"라고 대답한다. 어느 정도 수준에 만족하지 말고 끊임없이 자기의 학문과 인격을 갈고 다듬어 더 높은 경지로 나아가라는 것이다.

貧(빈) 가난할　　諂(첨) 아첨할　　驕(교) 교만할

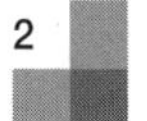

적당한 가난

君子食無求飽,
군 자 식 무 구 포

居無求安,
거 무 구 안

敏於事而愼於言.
민 어 사 이 신 어 언

➲ 군자는 배부르게 먹지 않고
안일하게 살지 않으며
일을 민첩하게 하고 말을 신중히 한다.

『논어』

해설 적당한 식사는 오히려 정신을 맑게 하고 적당한 가난은 생활을 건실하게 한다. 이런 청빈한 생활을 하면서 신중한 언행으로 남의 신임을 얻고 자기에게 맡겨진 일을 부지런히 한다면 군자라 할 만하다.

求(구) 구할　　飽(포) 배부를　　敏(민) 민첩할　　愼(신) 삼갈

3

청빈한 생활

飯疏食飮水,
반 소 사 음 수

曲肱而枕之,
곡 굉 이 침 지

樂亦在其中矣,
낙 역 재 기 중 의

不義而富且貴, 於我如浮雲.
불 의 이 부 차 귀 어 아 여 부 운

➲ 성긴 밥을 먹고 물을 마시며
팔을 굽혀 그것을 베고 살아도
즐거움이 또한 그러한 생활 가운데 있으니
의롭지 않으면서 부하고 귀한 것은 나에게 뜬구름과 같다.

『논어』

해설 참된 선비는 가난한 생활을 하면서도 마음을 편하게 가지고 도(道) 그 자체를 즐기며 정의롭지 않은 권력이나 부를 하찮게 여긴다.

疏(소) 성길 肱(굉) 팔뚝 枕(침) 벨 浮(부) 뜰

정의와 이익

見利思義,
견 리 사 의

見危致命.
견 위 치 명

➲ 이로움을 보면 그것이 의로운지를 생각하고,
나라의 위태로움을 보면 목숨을 바쳐야 한다.

『논어』

해설 유혹은 이익이라는 가면을 쓰고 나타난다. 매사를 사회정의에 입각해서 처리하고 이웃과 공동체의 안녕을 위해서 몸을 바친다면, 그는 현대의 성인이 아니겠는가.

危(위) 위태로울

5

아첨과 부정

上交不諂,
상 교 불 첨

下交不瀆.
하 교 부 독

➲ 윗사람과 사귈 때는 아첨하지 말고
아랫사람과 사귈 때는 더러운 짓을 하지 말라.

『주역』

해설 윗사람과는 당당하게 아랫사람과는 깨끗하게라는 뜻이다. 자기가 하는 일이 떳떳하다면 윗사람에게 비굴할 필요가 없으며, 높은 자리에 있을 때에는 부정부패에 물들지 않도록 하라는 말이다.

諂(첨) 아첨할　　瀆(독) 더러울

6

여유와 부족함

不足之足, 每有餘,
부 족 지 족 매 유 여

足而不足, 常不足.
족 이 부 족 상 유 여

➲ 부족한 가운데서도 족하게 여길 줄 알면 늘 여유가 있고
풍족한 가운데서도 부족하게 생각하면 늘 부족하다.

송익필(宋翼弼), 「족부족(足不足)」

해설 인간의 욕심은 끝이 없는 법이다. 가난한 집에 웃음꽃이 피는 것은 돈이 많아서가 아니다. 생텍쥐페리는 "이윤을 목표로 하는 산업은 인간을 위해 껌을 만드는 것이 아니라 껌을 팔기 위한 인간을 생산하려고 애쓴다"라고 하여, 욕망을 부추기는 자본주의 문명을 비판했다. 조선 중기 문인 송익필(宋翼弼)의 시 「족부족」은 『노자』 33장의 "족한 줄 알면 부자(知足者富)"라는 구절과 『노자』 46장의 "만족할 줄 알면 늘 풍족하다(知足之足, 常足矣)"라는 구절을 변주한 것이다.

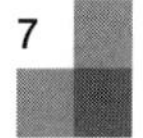

자제할 줄 아는 사람

知足不辱,
지 족 불 욕

知止不殆.
지 지 불 태

➲ 만족할 줄 알면 욕을 당하지 않고
그칠 줄 알면 위태로움에 빠지지 않는다.

『노자』

해설 과욕이 화를 부른다. 마하트마 간디(Mohandas Gandhi)는 "이 세상은 우리의 필요를 위해서는 충분한 곳이지만 우리의 탐욕을 채우기에는 너무나 가난한 곳이다"라고 했다.

辱(욕) 욕될 殆(태) 위태로울

8

욕심이 화를 불러

禍莫大於不知足,
화 막 대 어 부 지 족

咎莫大於欲得.
구 막 대 어 욕 득

➲ 만족을 모르는 것보다 큰 화는 없으며
얻으려고 욕심 부리는 것보다 큰 허물이 없다.

『노자』

해설 탐욕의 끝은 재앙이며 쾌락의 끝은 파멸이다. 자연을 사랑하지 않고 단지 욕망 충족의 대상으로만 여기다가 현재 지구는 생태학적인 위기를 맞고 있다.

禍(화) 재앙 咎(구) 허물

끊임없는 욕심

貪得者,
탐 득 자

分金, 恨不得玉.
분 금 한 부 득 옥

封公, 怨不受侯.
봉 공 원 불 수 후

➲ 탐욕이 많은 사람은
금을 나눠주어도 옥을 얻지 못함을 한스러워하며
공의 자리에 봉해줘도 제후가 못됨을 불평한다.

『채근담』

해설 인간의 욕망은 끝이 없다. 의식주가 해결되면 권력을 탐하고 부귀해지면 명예까지 바란다. 그러나 『법구경(法句經)』은 탐욕과 성냄, 어리석음과 교만, 고정관념을 끊어버릴 때 열반의 나루에 닿을 수 있다고 한다.

貪(탐) 탐할 怨(원) 원망할 菜(채) 나물 譚(담) 이야기

10

악한 일과 선한 일

勿以惡小而爲之,
물 이 악 소 이 위 지

勿以善小而不爲.
물 이 선 소 이 불 위

➲ 악은 아무리 적다고 해도 행하지 말고
선은 아무리 적다고 해도 사양하질 말라.

『촉지(蜀志)』, 「유비전(劉備傳)」

해설 바늘 도둑이 소도둑 되듯이 소소한 나쁜 행동도 습관이 되면 고치기 어렵고, 조그만 선업을 자꾸 하다 보면 큰 대업도 이룰 수 있게 마련이다. 습관이 인생을 지배한다고 하지 않았던가. 윤리적인 중립지대는 없다. 선한 일을 하는 데에 게으르면 그의 마음은 벌써 악을 즐기고 있는 것이다.

劉(유) 성　　備(비) 갖출

11

사향노루의 향기

有麝自然香,
유 사 자 연 향

何必當風立.
하 필 당 풍 립

➲ 사향노루는 자연스레 향기가 나는 것이니
어찌 바람을 맞아 서 있을 필요가 있겠는가?

야보선사(冶父禪師)

해설 큰 나무 밑에는 저절로 사람이 모이는 법이지 억지로 사람을 불러 모으지 않는다.

麝(사) 사향노루　　禪(선) 참선할

골짜기의 난초

幽蘭不以無人息其香.
유 란 불 이 무 인 식 기 향

➲ 그윽한 골짜기의 난초는 사람이 없다고 해서 그 향기 내는 것을 멈추지 않는다.

장일순, 『노자이야기』

해설 덕이 있는 사람의 향기는 홀로 있을 때에도 바람을 타고 사방에 풍긴다.

幽(유) 그윽할 蘭(란) 난초

13

하늘이 준 작위

仁義忠信樂善不倦,
인 의 충 신 락 선 불 권

天爵也.
천 작 야

➲ 어짊, 의로움, 진실함, 믿음성과 선을 좋아하고 게으르지 않는 것은
하늘이 준 벼슬이다.

『맹자』

해설 장관, 차관, 국장은 인간이 만든 벼슬로 일시적인 것이지만, 사랑하는 마음과 정의감을 갖고 진실하고 믿음성이 있고 선을 즐기며 살아가는 것은 하늘이 준 축복이다.

倦(권) 게으를 爵(작) 벼슬

14

공자의 인생 편력

吾, 十有五而志于學,
오 십유오이지우학

三十而立,
삼십이립

四十而不惑,
사십이불혹

五十而知天命,
오십이지천명

六十而耳順,
육십이이순

七十而從心所欲, 不踰矩.
칠십이종심소욕 불유구

➲ 나는 15세에 학문에 뜻을 두었고
30세에 뜻이 섰으며
40세에 미혹을 당하지 않으며
50세에 하늘의 뜻을 알게 되었고
60세에 귀가 순해져 어떤 말이든 긍정적으로 받아들이게 되었고
70세에는 마음이 하고자 하는 바를 따라도 도에 어긋남이 없게 되었다.

『논어』

踰(유) 넘을 矩(구) 법도

해설 공자는 비교적 늦게 학문에 뜻을 두고 공부했지만 배우는 데에만은 누구보다 열심이어서 30세가 되어서는 어떻게 살아야 하는가 하는 인생관을 확립했고, 40세에는 잘못된 학설이나 유혹에 흔들리지 않았으며, 50세가 되어서는 하늘의 사명을 알게 되었고, 60세가 되어서는 풍부한 경험으로 남의 사정을 잘 헤아리게 되었으며, 70세에는 하는 말이 저절로 남에게 위로가 되고, 하는 행동이 저절로 이치에 맞게 되었다.

15

부귀를 얻는 방법

富與貴, 是人之所欲也,
부 여 귀 시 인 지 소 욕 야

不以其道得之, 不處也.
불 이 기 도 득 지 불 처 야

貧與賤, 是人之所惡也,
빈 여 천 시 인 지 소 오 야

不以其道得之, 不去也.
불 이 기 도 득 지 불 거 야

➲ 부와 귀는 사람들이 바라는 것이나
정당한 절차와 방법으로 얻은 것이 아니면 누리지 말아야 하며,
빈(貧)과 천(賤)은 사람들이 싫어하는 것이지만
정상적으로 온 것이 아니라 하더라도 버리지 않는다.

『논어』

해설 사람의 규모는 그 사람의 처신을 보면 알 수 있다. 성숙한 사람은 정당한 절차와 방법으로 떳떳하게 얻은 것이 아니라면 부귀라도 누리지 않으며, 가난하고 천한 생활을 오히려 자기 단련의 계기로 삼을 줄 안다.

處(처) 살 惡(오) 싫어할, (악) 악할

16

오래 엎드린 새는

伏久者, 飛必高,
복 구 자 　비 필 고

開先者, 謝獨早.
개 선 자 　사 독 조

➲ 오래 엎드린 새는 나는 것이 반드시 높고,
먼저 핀 꽃은 지는 것도 또한 빠르다.

『채근담』

해설 　철저한 준비는 성공을 보장한다. 서두르지 않고 꾸준히 하다 보면 언젠가는 이루게 된다. 『성경』에 예수님도 "선을 행하다 낙심하지 말라. 때가 이르면 거두리라"라고 하지 않았던가.

謝(사) 시들, 사례할

17

사물과 욕망

物無可欲,
물 무 가 욕

人欲之, 故可欲.
인 욕 지 고 가 욕

古之善生者,
고 지 선 생 자

不事物, 故無欲.
불 사 물 고 무 욕

➲ 사물에는 욕망이 없지만
사람이 갖기를 바라므로 욕망할 만한 것이 된다.
옛날에 훌륭하게 살아간 사람은
사물을 섬기지 않았기에 바라는 것이 없었다.

『감산서언(憨山緖言)』

해설 사물 그 자체에 무슨 욕망이 있겠는가. 사람이 소유하기를 바라기 때문에 귀하게 된다. 사물을 섬길 것인가, 도를 섬길 것인가.

18

검소와 사치

儉則金賤,
검 즉 금 천

侈則金貴.
치 즉 금 귀

➲ 검소하면 돈이 천해 보이고
사치하면 돈이 귀해 보인다.

『관자』

해설 볼테르(Voltaire)는 욕망의 고삐를 채운 자는 언제나 풍족하다고 했고, 레기네 슈나이더(Regine Schneider)는 행복의 비결은 더 많이 가지려 하는 데에 있는 것이 아니라 덜 가지려 하는 데에 있다고 했다.

19

말을 조심해야

愼言語以養其德,
신 언 어 이 양 기 덕

節飮食以養其體.
절 음 식 이 양 기 체

➲ 말을 조심해서 덕을 기르고
음식을 조절해서 몸을 기른다.

『근사록(近思錄)』

해설 신중한 언행은 덕의 기초이고 알맞은 식사는 건강의 기본이다. 말이 많으면 실수하기 마련이고 포식을 하면 뚱뚱해지기 마련이다.

20

사람을 놀리면

玩人喪德,
완 인 상 덕

玩物喪志.
완 물 상 지

➲ 사람을 놀리면 덕을 잃고,
사물을 희롱하다 보면 뜻을 잃는다.

『서경』

해설 남의 약점을 들추어내거나 못났다고 놀리는 사람을 군자라 할 수 없고, 물건이나 놀이에 정신이 팔리면 자기가 가야 할 길을 잃어버리게 된다.

玩(완) 희롱할 喪(상) 잃을

21

목표를 원대하게

人無遠慮,
인 무 원 려

必有近憂.
필 유 근 우

➲ 사람이 멀리 내다보는 생각이 없으면
반드시 자질구레한 근심거리가 있게 된다.

『논어』

해설 도를 추구하고 있는 동안은 무엇을 먹을까, 무엇을 입을까 하는 생각이 사라지고 정신이 맑고 자유로워진다.

慮(려) 생각 憂(우) 근심

22

바다의 미덕

江海之所以百谷王者,
강 해 지 소 이 백 곡 왕 자

以其善下之.
이 기 선 하 지

➲ 강과 바다가 모든 골짜기의 왕 노릇을 하는 것은 낮은 곳에 처하기를 잘하기 때문이다.

『노자』

해설 바다가 낮은 곳에 있기 때문에 모든 골짜기의 물을 받아들일 수 있듯이, 마음을 비워야 지혜가 담기고 자기를 낮추어야 사람들이 모여든다.

하늘의 이치

天地之道, 極則反,
천 지 지 도 극 즉 반

盈則損.
영 즉 손

➲ 천지의 이치는 극성하면 되돌아오고
가득 차면 줄어든다.

『회남자』

해설 더위가 극성이면 이미 서늘한 가을이 와 있고, 추위가 맹위를 떨치면 봄이 머지않다. 달이 차면 기울어지지 않는가.

反(반) 되돌릴 盈(영) 찰 損(손) 덜

사생과 부귀

死生有命,
사 생 유 명

富貴在天.
부 귀 재 천

➲ 죽고 사는 것은 운명에 달린 것이고
부귀함은 하늘에 달린 것이다.

『논어』

해설 죽고 사는 것을 우리 인간이 어떻게 할 수 있겠는가. 운명에 맡길 뿐이다. 작은 부와 지위는 인간의 노력으로 가능할지 모르지만 큰 부자와 큰 자리는 하늘에 달린 것이다.

제7강

스스로를 돌아보며

인간은 불완전한 존재이기에 살아가면서 실수나 잘못을 피할 수 없다. 문제는 그다음이다. 잘못을 하고 나서 반성하고 성찰하느냐, 아니면 그것을 합리화하고 변명하느냐에 따라 현명한 사람과 그렇지 않은 사람이 판가름 난다.

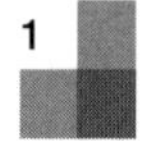

하늘에 부끄럼 없기를

仰不愧於天,
앙 불 괴 어 천

俯不怍於人.
부 부 작 어 인

➲ 우러러 하늘에 부끄럼이 없고,
굽어서 사람들에게 부끄럼이 없어야 한다.

『맹자』

해설 시인 윤동주는 맹자의 호연한 기상을 시로 이어, 죽는 날까지 하늘을 우러러 한 점 부끄럼이 없기를 기약하며 별을 노래하는 마음으로 모든 죽어가는 것을 사랑하겠노라 노래했다.

仰(앙) 우러를 愧(괴) 부끄러울 俯(부) 구부릴
怍(작) 부끄러울

2

물과 같은 선행

上善若水,
상 선 약 수

水善利萬物而不爭,
수 선 리 만 물 이 부 쟁

處衆人之所惡.
처 중 인 지 소 오

➲ 최고의 선은 물과 같다.
물은 만물을 잘 이롭게 하면서도 다툼이 없고,
뭇 사람들이 싫어하는 낮은 곳에 처한다.

『노자』

해설 물은 만물을 소생시키면서도 자기를 뽐내거나 남과 다투기는커녕 마른 대지를 적셔주며, 높은 자리에 있지 않고 남들이 싫어하는 낮은 곳을 찾아 흘러간다. 시냇물이 어디 언덕이나 바위와 다투는 것을 보았는가. 언덕을 감싸고, 바위를 어루만지며 휘돌아가고, 웅덩이는 그득 채워준다. 자기가 더러워지면서도 더러운 것들을 다 씻어주고 저 낮은 민중의 바다로 흘러간다.

爭(쟁) 다툴　　惡(오) 싫어할, (악) 악할

공을 세우고 머물지 않아

功成而不居,
공 성 이 불 거

愛養萬物而不爲主.
애 양 만 물 이 불 위 주

➲ 공을 이루고 그곳에 거처하지 않으며
만물을 사랑하고 양육하면서도 주인 노릇을 하지 않는다.

『노자』

해설 일을 하되 자랑하지 않고, 공을 세우고도 그 자리에 연연하지 않으며, 만물을 다 길러내면서도 주인 노릇을 하지 않는 자연이야말로 우리가 본받아야 할 스승이다. 그러나 우리 인간은 어디 그런가. 일한 뒤에는 말이 많아지고, 공을 세우면 자랑하고 싶고, 잘된 자식은 내가 잘 키워서 그렇게 된 것이고, 훌륭한 제자는 내가 잘 가르쳐서 그렇게 된 것이라고 하지 않는가.

養(양) 기를

노자의 삼보

我有三寶,
아 유 삼 보

一曰慈,
일 왈 자

二曰儉,
이 왈 검

三曰不敢爲天下先.
삼 왈 불 감 위 천 하 선

➲ 나에게 세 가지 보물이 있다.
첫째는 자애로움이고
둘째는 검소함이며
셋째는 감히 다른 사람 앞에 나서지 않는 것이다.

『노자』

해설 노자는 남을 사랑하고 검소한 생활을 하며 남을 이기려 하지 않는 마음이 제일 귀한 것이라고 한다.

慈(자) 자애로울 儉(검) 검소할 敢(감) 감히

5

도에 뜻을 둔 사람

唯有道者,
유 유 도 자

不期於功而功自大,
불 기 어 공 이 공 자 대

不期於名而名不朽.
불 기 어 명 이 명 불 후

➲ 오직 도가 있는 자는
공을 기약하지 않아도 공이 스스로 커지고
이름을 기약하지 않아도 썩지 않는다.

『감산자전』

해설 부지런히 일을 하다 보면 공이 쌓이고 열심히 노력하다 보면 이름이 나는 것이지, 처음부터 공과 명예를 의식한다면 그 행동은 얼마나 속될 것인가.

期(기) 기약할 朽(후) 썩을 憨(감) 어리석을

6

백성을 구하려는 생각

唯有道者, 不得已臨莅天下,
유 유 도 자 부 득 이 임 리 천 하

不以爲己顯, 雖處其位,
불 이 위 기 현 수 처 기 위

但思度濟蒼生, 不以爲己榮.
단 사 도 제 창 생 불 이 위 기 영

➲ 오직 도를 추구하는 자는 부득이하게 천하에 나타나 임하게 되지만
자기를 드러내려 하지 않고, 비록 그 자리에 있으면서도
다만 온 백성을 헤아려 구제할 생각을 하면서 자기의 영화를 위하려 하지 않는다.

『감산자전』

해설 공부를 한 뒤 사회 활동을 할 때 자기의 이름을 드러내려는 공명심을 가지지 말고, 뜻을 높게 가지고 어려운 민중을 먼저 생각하는 마음을 가지라는 말이다.

莅(리) 임할 顯(현) 나타날 濟(제) 건널 蒼(창) 푸를

친구와 아내

貧賤之知不可忘,
빈 천 지 지 불 가 망

糟糠之妻不下堂.
조 강 지 처 불 하 당

➲ 가난하고 천할 때의 친구를 잊어서는 안 되고
가난한 시절의 처를 당(堂) 아래로 쫓아서는 안 된다.

증선지(曾先之), 『십팔사략(十八史略)』

해설 젊은 시절에 같이 공부하던 친구들 간의 우정을 변치 말고, 어려운 시절에 온갖 내조를 한 아내의 정성을 잊지 말라는 것이다. 어릴 때 친구를 업신여기지 않고 조강지처를 버리는 일이 없다면 천하의 인심이 얼마나 넉넉할까.

忘(망) 잊을　　糟(조) 지게미　　糠(강) 겨　　妻(처) 아내

8

바다의 포용력

海不讓水.
해 불 양 수

➲ 바다는 마음이 넓어 온갖 물을 사양하지 않는다.

『회남자』

해설 바다는 깨끗한 물이나 더러운 물을 가리지 않고, 한강 물과 대동강 물, 낙동강 물과 영산강 물을 구별하지 않는다. 너그러운 부모가 어디 자식을 편애하고, 훌륭한 스승이 어디 학생을 차별하던가.

讓(양) 사양할

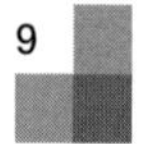

9

마음을 거울처럼

用心若鏡.
용 심 약 경

➲ 마음 쓰기를 거울처럼 맑게 써라.

『장자』

해설 모든 일에 마음이 근본이다. 사사로운 마음을 갖지 않고, 거울처럼 있는 그대로 보라는 뜻이다. 마음의 때를 늘 깨끗이 닦는다면 말과 행동이 얼마나 공정할까.

鏡(경) 거울

10

스스로 자랑하는 자

自見者不明, 自是者不彰,
자 현 자 불 명 자 시 자 불 창

自伐者不功, 自矜者不長.
자 벌 자 불 공 자 긍 자 부 장

➲ 스스로 보이려 하는 자는 밝게 드러나지 않고,
스스로 옳다고 하는 자는 빛나지 않고,
스스로 자랑하는 자는 공이 없으며,
스스로 뻐기는 자는 대단한 것이 없다.

『노자』

해설 조급한 마음으로 남들이 알아주기 전에 먼저 나서고 자기가 한 일을 스스로가 자랑하고 나선다면, 남들이 칭송할 것이 무엇 있겠는가. 왼손이 한 일을 오른손이 모르게 하라고 하지 않았던가.

見(현) 보일, 볼 彰(창) 드러낼 伐(벌) 자랑할 矜(긍) 뻐길

11

통달한 사람

達人觀物外之物,
달 인 관 물 외 지 물

思身後之身.
사 신 후 지 신

➲ 통달한 사람은 사물 밖의 사물을 보고,
몸 뒤의 몸을 생각한다.

『채근담』

해설 천하의 사리를 달통한 사람은 보이지 않는 세계의 진실도 볼 줄 알며, 행동의 결과를 내다보는 안목을 가진다.

達(달) 통달할　　誠(성) 정성

12

공경과 정의

敬以直內,
경 이 직 내

義以方外.
의 이 방 외

➲ 공경한 마음을 가짐으로써 안을 바로잡고,
의로운 마음으로써 바깥을 방정하게 한다.

『주역』

해설 　한평생을 민주주의와 정의를 위해 살아온 함세웅 신부의 『이 땅에 정의를』을 읽을 때 이 구절이 저절로 생각났다.

敬(경) 공경할 　義(의) 옳을

13

군자의 길

君子不重則不威, 學則不固.
군 자 부 중 즉 불 위 학 즉 불 고

主忠信, 無友不如己者,
주 충 신 무 우 불 여 기 자

過則勿憚改.
과 즉 물 탄 개

➲ 군자가 신중하지 않으면 위엄이 없으니, 학문을 해도 견고하지 못하다.
진실하고 믿음성 있는 행동에 주력하며, 자기 같지 못한 자를 벗삼지 말고,
허물이 있으면 고치기를 꺼려하지 말아야 한다.

『논어』

해설 말과 행동을 자주 바꾸면 가벼워 보이고 신중하게 공부하지 않으면 그 학문이 단단하지 못하게 된다. 그러니 늘 진실하고 믿음 있는 행동을 하도록 할 것이며, 배울 것이 있는 사람을 사귀고 잘못은 즉각 시정하여 새로 거듭나는 계기를 만들라는 공자의 말씀이다.

威(위) 위엄　　憚(탄) 꺼릴

14

악한 일을 하지 말고

諸惡莫作,
제 악 막 작

衆善奉行,
중 선 봉 행

自淨其意.
자 정 기 의

➲ 악한 일은 하지 말고
선한 일은 두루 하며
스스로 마음을 깨끗이 하라.

『법구경』

해설 부처님은 내가 악행을 하면 스스로 더러워지고 내가 선행을 하면 스스로 깨끗해진다고 했다. 그런데 악한 일은 저지르기 쉽고 착한 일은 행하기 어려운 법이다. 그러니 늘 자기 마음을 깨끗이 하며 자기 몸을 돌아볼 수밖에 없다.

淨(정) 깨끗할 經(경) 경서, 날

15

참되려고 하는 것

誠者, 天之道也,
성 자　천 지 도 야

誠之者, 人之道也.
성 지 자　인 지 도 야

➲ 참 그 자체는 하늘의 도이고
참되려고 애쓰는 것은 인간의 도이다.

『중용(中庸)』

해설　하늘은 절대적이므로 힘쓰지 않아도 알맞게 되지만, 인간은 상대적이라 선을 택해서 굳게 지켜야만 한다.

16

마음속의 적

破山中賊易,
파 산 중 적 이

破心中賊難.
파 심 중 적 난

➲ 산중의 적을 없애기는 오히려 쉬우나
마음속에 있는 적을 없애기는 정말 어렵다.

왕양명(王陽明)

해설 눈에 보이는 적은 퇴치할 수 있으나 마음의 적은 눈에 보이지 않아 소홀히 하기 쉽다.

破(파) 깨뜨릴 賊(적) 도둑 易(이) 쉬울, (역) 바꿀

17

민중을 위한 그림

凡吾畵蘭畵竹畵石,
범 오 화 란 화 죽 화 석

用以慰天下之勞人.
용 이 위 천 하 지 노 인

➲ 산중의 적을 없애기는 오히려 쉬우나
마음속에 있는 적을 없애기는 정말 어렵다.

정판교(鄭板橋)

해설 시와 그림과 노래가 어찌 가진 자들만을 위한 사치품이겠는가. 진정한 예술은 이 세상의 무거운 짐을 진 사람들에게 위로와 기쁨이 된다.

畵(화) 그림　　蘭(난) 난초　　慰(위) 위로할　　橋(교) 다리

18

사람과 도

道不遠人,
도 불 원 인

人遠道.
인 원 도

山不離俗,
산 불 리 속

俗離山.
속 리 산

➲ 도가 사람을 멀리하는 것이 아니라
사람이 도를 멀리한다.
산이 속세를 떠나려하는 것이 아니라
속세의 사람이 산을 떠나는 것이다.

최치원(崔致遠)

해설 진리가 어디 인간을 외면하고, 산이 어디 사람을 배척하던가. 그러니 잘해도 내 탓, 못해도 내 탓 아닌가.

19

늘 선을 생각해야

一日不念善,
일 일 불 념 선

諸惡皆自起.
제 악 개 자 기

➲ 하루라도 착한 일을 생각하지 않으면
온갖 악들이 모두 저절로 일어난다.

『장자』

해설 깊은 못가에 다다른 듯 얇은 얼음을 밟듯 조심하고 긴장하지 않으면 어느 틈엔가 발을 헛디디기 쉽다.

20

선업을 쌓는 집

積善之家,
적 선 지 가

必有餘慶.
필 유 여 경

➲ 선을 쌓는 집에는 반드시 경사스러운 일이 남는다.

『주역』

해설 꼭 복을 받으려고 선행을 하는 것보다 선행을 행하면 스스로 마음이 즐겁고 행복해지는 것, 이것이 하늘이 준 축복이 아니고 무엇이랴.

積(적) 쌓을 慶(경) 경사

21

악업을 쌓는 집

積不善之家,
적 불 선 지 가

必有餘殃.
필 유 여 앙

➲ 불선을 행하는 집에는 반드시 재앙이 넘친다.

『주역』

해설 인과응보(因果應報)이다. 콩 심은 데에 콩 나고 팥 심은 데에 팥 난다.

積(적) 쌓을 殃(앙) 재앙

22

뜻이 있는 사람

有志者,
유 지 자

事必成.
사 필 성

➲ 뜻이 있는 사람은
일을 반드시 이루어낸다.

『후한서』

해설 원대한 뜻을 가지고 정진하다 보면 언젠가 그 목표에 다다르게 된다. 더구나 함께 꾸는 꿈이야 더 말할 나위가 있겠는가.

23

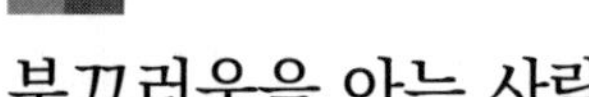

부끄러움을 아는 사람

恥之一字,
치 지 일 자

所以治君子.
소 이 치 군 자

➲ 부끄럽다는 한 글자는
군자를 다스리는 까닭이 된다.

『유몽영(幽夢影)』

해설 부끄러움을 모르는 사람은 구제가 불가능하다. 부끄러움을 아는 사람은 예를 아는 사람이다.

24

출세했을 때 조심해야

成德每在困窮,
성 덕 매 재 곤 궁

敗身多因得志.
패 신 다 인 득 지

➲ 덕행은 늘 어려움 속에서 이루어지고,
몸을 망치는 것은 대부분 출세했을 때이다.

용언(庸言)

해설 연꽃은 진흙에서 피고, 화려한 꽃이 떨어지면 더 추한 법이다.

困(곤) 괴로울 窮(궁) 어려울, 다할 庸(용) 쓸

제8강

예의 바르고 품위 있게

자기 몸가짐을 바르게 하고 다른 사람을 예로 대하는 것은 인간의 기본적인 도리이다. 그러나 과연 우리의 가정에서는 이러한 기본적인 예의범절을 갖춘 자녀들을 키우고 있으며, 우리의 학교에서는 자기의 도리를 다하면서도 남에게 폐를 끼치지 않는 젊은이들을 양성해 내고 있는가.

적어도 남에게 폐를 끼치지 않고, 좀 더 나아가 남을 먼저 배려하며 자기를 낮추는 것이 예의 바르고 품위 있는 참된 교양인이 아닐까.

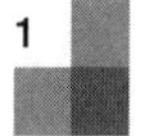

덕의 기본

溫溫恭人,
온 온 공 인

維德之基.
유 덕 지 기

➲ 온화하고 남을 공경하는 것은
덕의 기본이다.

『시경』

해설 마음을 부드럽게 하면 여유가 있고 남을 귀중히 여기면 내 마음도 즐겁다.

溫(온) 따뜻할 恭(공) 공손할

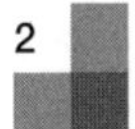

예악의 시작

禮義之始,
예 의 지 시

在於正容體,
재 어 정 용 체

齊顏色.
제 안 색

➲ 예의의 시작은
몸가짐을 바로 하고
표정을 단정히 하는 데에 있다.

『예기』

해설 환한 얼굴에 빙그레 웃는 모습으로 마주하면 얼마나 기쁜가.

體(체) 몸 齊(제) 가지런할 顏(안) 얼굴

3

매사를 예에 입각해서

非禮勿視, 非禮勿聽,
비 례 물 시 비 례 물 청

非禮勿言, 非禮勿動.
비 례 물 언 비 례 물 동

➲ 예가 아니면 보지도 말고, 예가 아니면 듣지도 말며
예가 아니면 말하지도 말고, 예가 아니면 행하지도 말라.

『논어』

해설 예가 아니면 아예 보고 듣고 말하고 행동할 생각조차 하지 말라는 말이다. 나쁜 마음은 아예 싹부터 잘라야 하는 법이다. 불가에서도 바른 견해(正見), 바른 생각(正思), 바른말(正語), 바른 행위(正業), 바른 직업(正命), 바른 노력(正精進), 바른 상념(正念), 바른 선정(正定)의 여덟 가지 바른길(八正道)을 가라고 한다.

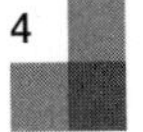

예와 상례

禮與其奢也, 寧儉,
예 여 기 사 야 영 검

喪與其易也, 寧戚.
상 여 기 이 야 영 척

➲ 예는 사치하기보다는 차라리 검소한 것이고,
상례는 형식적으로 잘 치르기보다는 차라리 슬퍼하는 것이다.

『논어』

해설 겉치레를 잘하는 것보다는 질박한 것이, 형식과 절차보다는 마음이 더 중요하지 않겠는가.

奢(사) 사치할 寧(녕) 편안할 儉(검) 검소할 戚(척) 슬퍼할

5

사치와 검소

奢則不孫,
사 즉 불 손

儉則固,
검 즉 고

與其不孫也, 寧固.
여 기 불 손 야 영 고

➲ 사치하다 보면 공손하지 못하게 되고
검소하다 보면 고루하게 되기 쉬운데,
공손하지 못한 것보다는 차라리 고루한 것이 낫다.

『논어』

해설 돈이 있다고 으스대면 위화감을 일으키고, 검소함이 지나치면 고루해지기 쉽다. 그런데 공자는 거만한 것보다는 고루한 것이 덜 위험하다고 했다.

6

예가 없으면

恭而無禮則勞, 愼而無禮則葸,
공 이 무 례 즉 노 신 이 무 례 즉 시

勇而無禮則亂, 直而無禮則絞.
용 이 무 례 즉 란 직 이 무 례 즉 교

➲ 공손하되 예가 없으면 수고롭고, 조심하되 예가 없으면 두렵고, 용맹스럽되 예가 없으면 혼란하고, 강직하되 예가 없으면 너무 급하다.

『논어』

해설 예는 상황에 알맞게 대응하는 조화가 생명이다. 너무 모자라도 문제이지만, 너무 지나쳐도 곤란하다. 매사를 행함에 중정(中正)을 지킬 일이다.

勇(용) 날쌜 絞(교) 목맬 葸(시) 두려울

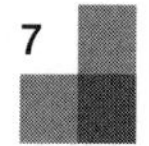

효도의 의미

生事之以禮,
생 사 지 이 례

死葬之以禮,
사 장 지 이 례

祭之以禮.
제 지 이 례

➲ 부모가 살아 계실 땐 예로 섬기고,
돌아가시면 예로 장사 지내고,
돌아가신 뒤에는 예로 제사 지낸다.

『논어』

해설 효의 근본정신은 예를 다하는 데 있다. 부자 상호 간의 인격 존중, 이것이 현대적 효의 의미가 아닐까. 부모가 진정으로 자녀를 사랑한다면 자녀들이 부모에게 예를 갖추고 존경하지 않겠는가.

葬(장) 장사 지낼 祭(제) 제사

8

이기심의 극복

克己復禮爲仁.
극 기 복 례 위 인

➲ 이기심을 극복해서 예로 돌아가는 것이 인이다.

『논어』

해설 자기중심주의를 극복해서 공동체 전체의 질서와 조화를 생각하는 것이 인의 정신이다. 장자는 '지인무기(至人無己)'라 했고, 불가에서는 '아공(我空)'이라고 했다.

9

배우는 사람의 처신

出則事公卿,
출 즉 사 공 경

入則事父兄,
입 즉 사 부 형

喪事不敢不勉,
상 사 불 감 불 면

不爲酒困.
불 위 주 곤

➲ 나가서는 나라 일을 하는 공경(公卿)을 섬기고,
들어와서는 부형을 섬기며,
상사(喪事)를 감히 힘쓰지 않음이 없으며,
술로 곤란한 지경에 이르지 않는다.

『논어』

해설 사람의 도리를 다하는 것이 공부보다 우선이라는 것이 동양의 전통사상이다. 공자는 이렇게 사람 되는 공부를 하고 난 뒤에 지식을 습득하라고 가르친다.

卿(경) 벼슬 勉(면) 힘쓸 酒(주) 술

10

먹을 때도 예에 맞게

食不厭精, 膾不厭細,
사 불 염 정 　 회 불 염 세

食饐而餲, 魚餒而肉敗不食,
사 의 이 애 　 어 뇌 이 육 패 불 식

色惡不食, 臭惡不食,
색 악 불 식 　 취 악 불 식

失飪不食, 不時不食,
실 임 불 식 　 불 시 불 식

割不正不食, 不得其醬不食.
할 부 정 불 식 　 부 득 기 장 불 식

➲ 밥은 정한 것을 싫어하지 않으며, 회는 가늘게 썬 것을 싫어하지 않는다.

밥이 상하여 쉰 것과 생선이 상하고 고기가 부패한 것을 먹지 않으며,

빛깔이 나쁜 것을 먹지 않고, 냄새가 나쁜 것을 먹지 않으며,

익히지 않은 것을 먹지 않고, 제때에 나온 것이 아니면 먹지 않는다.

자른 것이 올바르지 않으면 먹지 않고, 그 음식에 어울리는 장(醬)을 얻지 않으면 먹지 않는다.

『논어』

해설 예절은 먹고 입고 사는 일상생활을 바로 하는 데에서 출발한다. 아무것이나 함부로 먹다가는 탈이 나고, 절제할 줄 모르고 시도 때도 없이 먹다가는 비만해지지 않는가.

食(사) 밥　厭(염) 싫을　膾(회) 회　細(세) 가늘
饐(의) 쉴　餲(애) 쉴　餒(뇌) 주릴　臭(취) 냄새
飪(임) 익힐　割(할) 나눌　醬(장) 젓갈

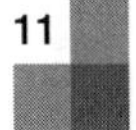

11

바른 자리

席不正, 不坐.
석 부 정 부 좌

➲ 자리가 바르지 않으면 앉지 않는다.

『논어』

해설 아무리 좋은 자리라도 자기가 앉을 자리가 아니면 앉지 않는다.

席(석) 자리 坐(좌) 앉을

12

모임의 예절

鄕人飮酒,
향 인 음 주

杖者出,
장 자 출

斯出矣.
사 출 의

➲ 마을 사람들이 함께 술을 마실 때에는
노인이 나가면 그때 따라 나간다.

『논어』

해설 모임을 가질 때 상대방의 기분을 상하게 하지 않고 남을 배려할 줄 아는 사람이 매너 있는 사람이다.

飮(음) 마실　　杖(장) 지팡이

13

거처할 때의 예의

居不容,
거 불 용

見齊衰者,
견 자 최 자

雖狎必變.
수 압 필 변

➲ 집에 거처하실 때에는 모양을 내지 않고
상복 입은 자를 보면 비록 절친한 사이라도
반드시 낯빛을 고쳐 예를 표시한다.

『논어』

해설 공식석상이 아닌 자리에서는 긴장을 풀고 편안하게 지내며 상례를 당한 친구에게는 정중하게 예를 표한다.

齊(자) 옷자락　衰(최) 상복　狎(압) 익숙할　變(변) 변할

14

수레 안에서의 예절

車中, 不內顧,
거 중 불 내 고

不疾言.
부 질 언

➲ 수레 안에서는 돌아보지 않고,
말을 빨리 하지 않는다.

『논어』

해설 차 안에서 두리번거리거나 갑자기 큰 소리를 지르면 안전 운전에 방해가 된다.

顧(고) 돌아볼 疾(질) 빠를

15

말을 드물게

君子貴罕言,
군 자 귀 한 언

而必愼於長短人物.
이 필 신 어 장 단 인 물

➲ 군자는 말을 적게 하는 것을 귀하게 여긴다.
그리고 남의 장단점에 대해 논할 때는 신중히 한다.

『청장관전서』

해설 　말을 많이 하다 보면 실언이 나오는 법이다. 특히 남이 없는 데에서 그 사람을 평할 때는 부정적인 데에로 치우치지 않도록 조심해야 한다.

罕(한) 드물　愼(신) 조심할　楙(무) 힘쓸

16

행하기의 어려움

知過非難,
지 과 비 난

改過爲難.
개 과 위 난

言善非難,
언 선 비 난

行善爲難.
행 선 위 난

➲ 잘못을 아는 것은 어렵지 않으나
잘못을 고치는 것이 어렵고,
선을 말하는 것이 어려운 것이 아니라
선을 행하기가 어렵다.

육지(陸贄)

해설 잘못을 고치는 데에는 용기가 필요하고 말을 행동으로 옮기는 데에는 결단이 요구된다.

難(난) 어려울 陸(육) 뭍 贄(지) 폐백

17

마음을 비우기

行賢而去自賢之心,
행 현 이 거 자 현 지 심

安往而不愛哉.
안 왕 이 불 애 재

➲ 어질게 살면서도
스스로 어질다는 마음을 버리면
어디 간들 사랑받지 않으리오.

『장자』

해설 어질게 살면서도 그런 것을 의식하지 않고 자연스럽다면 정말 성숙한 사람이 아닐까.

18

부지런함과 신중함

勤爲無價之寶,
근 위 무 가 지 보

愼是護身之符.
신 시 호 신 지 부

➲ 부지런함은 값을 매길 수 없는 보배요,
신중함은 자기 몸을 보호하는 부적이다.

강태공

해설 근면함은 어리석은 이에게는 그 부족함을 보충해 주고 총명한 이에게는 그 재능을 더 빛나게 해주며, 신중함은 말과 행동에서의 실수를 줄여주고 상대방에게 신뢰감을 준다. 정약용도 강진에 귀양 갔을 때 만난 제자 황상(黃犢)에게 둔하고, 막히고, 답답한 것을 뚫어주는 방법은 '부지런함(勤)'이라고 가르쳤다.

護(호) 보호할　　符(부) 부신

19

오해 살 일을 피해야

瓜田勿躡履,
과 전 물 섭 리

李下不整冠.
이 하 부 정 관

➲ 외밭에서 신을 고쳐 신지 말고
오얏나무 아래에서 갓을 고쳐 쓰지 말라.

강태공

해설 오해받을 가능성이 있는 행동은 사전에 미리 차단하는 것이 현명한 처신이다. '물섭(勿躡)' 대신에 '불납(不納)'으로 쓰기도 한다.

躡(섭) 밟을 履(리) 신 整(정) 가지런할 冠(관) 갓

화는 작은 데에서

患生于所忽,
환 생 우 소 홀

禍起于細微.
화 기 우 세 미

➲ 우환은 소홀히 하는 데에서 생기고,
화는 작은 일에서 일어난다.

유향(劉向) 편, 『설원(說苑)』

해설 조심하지 않고 일을 대충하다가는 문제가 발생하며, 조그만 일도 꼼꼼히 처리하지 않으면 나중에 큰일이 된다.

患(환) 근심 忽(홀) 소홀히 할 微(미) 작을 苑(원) 동산

21

의심이라는 도깨비

疑心生暗鬼.
의 심 생 암 귀

➲ 의심이 도깨비를 낳는다.

『열자(列子)』

해설 사람을 의심하기 시작하면 한이 없다. 근거 없이 주위 사람을 의심하는 것은 일종의 정신병이다.

疑(의) 의심할 暗(암) 어두울

22

자업자득

禍福無門,
화 복 무 문

唯人所召.
유 인 소 소

➲ 화와 복은 특별한 문이 있는 것이 아니라
사람이 불러들이는 것이다.

『좌전』

해설 화와 복이 어디 그곳으로 이르는 특별한 길이 있던가. 내가 악업을 쌓으면 화에 이르고, 내가 선업을 쌓으면 복에 이른다. 화와 복은 전적으로 내게 달린 것이다. 자업자득(自業自得)이라고 하지 않던가.

召(소) 부를

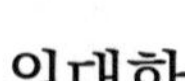

위대함

聖人終不爲大,
성 인 종 불 위 대

故能成大.
고 능 성 대

➲ 성인은 끝내 스스로 위대하다고 생각하지 않은 까닭에 그렇게 위대하게 된 것이다.

『노자』

해설 성인은 평생 진리를 전파하고 인류를 사랑하면서도 티를 내거나 자취를 남기지 않기 때문에 참으로 위대하다고 칭송받는다. "선을 행하고도 선하다는 마음을 갖지 않는다(行善而去善)."

24

때에 맞게

可以速而速,
가 이 속 이 속

可以久而久,
가 이 구 이 구

可以處而處,
가 이 처 이 처

可以仕而仕.
가 이 사 즉 이

➲ 빨리 떠날 만하면 빨리 떠나고
오래 머무를 만하면 오래 머물며,
초야에 처사로 있어야 할 때에는 처사로 있고
벼슬을 해야 할 만하면 벼슬을 한다.

『맹자』

해설 이렇게 때에 따라 적중하게 처신하는 것이 시중(時中)인데, 맹자가 보기에 공자가 그러했다고 평가한다.

제9강

덕으로 다스리는 정치

세상이 아름답고 평화롭기 위해서는 권력과 돈을 가진 사람들이 자제력을 발휘해야 한다. 특히 지도자의 인격적 완성이 나라의 안녕에 필수적이다. 지도자가 모범을 보여야 그 밑의 사람들이 올발라지고, 민중도 저절로 정직해진다.

그래서 동양에서는 공권력이나 법의 지배보다는 덕으로 다스리고, 예로 통치하는 것을 이상으로 생각했다. 지도자가 지도자답게 백성을 섬기고 공경하는 마음으로 나랏일을 처리하고, 어려운 일에는 앞장서며 솔선수범하여 바르게 처신한다면 나라는 저절로 안정되고 평화로워진다고 믿었다.

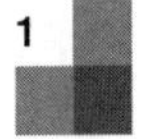

왕이 어질면

君仁則臣直.
군 인 즉 신 직

➲ 왕이 어질면 신하는 바르게 된다.

『자치통감』

해설 지도자의 덕은 바람과 같다. 윗사람이 바르게 처신하면 아랫사람이 어찌 정직하지 않을 수 있겠는가.

2

백성들의 믿음

夫信者, 人君之大寶也.
부 신 자 인 군 지 대 보 야

國保於民,
국 보 어 민

民保於信.
민 보 어 신

➲ 무릇 믿음이란 임금의 큰 보배이다.
나라는 백성들에 의해 유지되고,
백성들은 믿음에 의해 유지된다.

『자치통감』

해설 공자도 나라를 유지하는 데에는 먹을 것과 군대와 믿음이 필요한데 끝까지 포기해서 안 될 것은 믿음이라고 했다. 백성들의 믿음이 없으면 그 나라는 하루도 유지되지 못한다.

寶(보) 보배 保(보) 지킬

3

바른 마음으로

爲人君者,
위 인 군 자

正心以正朝廷,
정 심 이 정 조 정

正朝廷以正百官,
정 조 정 이 정 백 관

正百官以正萬民.
정 백 관 이 정 만 민

➲ 임금이 된 자는
바른 마음가짐으로 조정을 바르게 하고
바른 조정으로 백관들을 바르게 하며
바른 관리들로 만민을 바르게 한다.

동중서(董仲舒)

해설 윗물이 맑으면 아랫물도 맑다. 위정자가 먼저 솔선해서 자기의 마음을 바르게 하고 난 뒤 조정과 관리를 바르게 하며, 그래서 백성들을 바른길로 이끄는 것이다.

廷(정) 조정 董(동) 성, 감독할 舒(서) 펼

4

어진 아내와 재상

家貧則思賢妻,
가 빈 즉 사 현 처

國亂則思良相.
국 란 즉 사 량 상

➲ 집이 가난하면 현명한 아내를 생각하고,
나라가 어지러우면 어진 재상을 생각한다.

『자치통감』

해설 집안이 어려울 때는 그 어려움을 슬기롭게 견뎌나갈 아내가 필요하고, 나라가 혼란할 때는 그 혼란을 잘 수습할 수 있는 역량 있는 인물이 요청된다.

妻(처) 아내 亂(난) 어지러울 良(량) 어질 相(상) 재상

5

진실한 말

忠言逆耳,
충 언 역 이

利於行,
이 어 행

毒藥苦口,
독 약 고 구

利於病.
이 어 병

➲ 진실한 말은 귀에 거슬리나 행동에 이롭고,
독한 약은 입에 쓰지만 병에는 이롭다.

장량(張良)

해설 아첨하는 말은 듣기가 좋지만 사태 판단을 흐리게 하고, 바른말은 듣기가 힘들지만 실천하는 데에는 유용하다. '독약(毒藥)' 대신에 '양약(良藥)'이라고도 쓴다.

忠(충) 진실할 逆(역) 거스를

백성은 하늘

王者以民爲天,
왕 자 이 민 위 천

民以食爲天.
민 이 식 위 천

➲ 왕은 백성을 하늘로 여기고
백성은 밥을 하늘로 여긴다.

역이기(酈食其)

해설 백성들에게는 먹는 것이 제일이고, 임금에게는 백성의 문제가 제일 중요하다.

酈(려) 사람 이름, (역) 땅이름 食(이) 사람 이름, (식) 먹을

7

치국의 방법

道千乘之國,
도 천 승 지 국

敬事而信,
경 사 이 신

節用而愛人,
절 용 이 애 인

使民以時.
사 민 이 시

➲ 제후의 나라를 다스릴 때는
일을 공경하고 믿음성 있게 하고
씀씀이를 절약하고 백성을 사랑하며
백성을 부림에는 때를 잘 맞춰야 한다.

『논어』

해설 왕이 나라를 경영할 때에는 나랏일을 신중하게 처리해서 국민의 믿음을 얻고 물자를 절약하고 인민을 사랑하며, 국민을 부리더라도 농사철을 피해 적절한 때에 해야 한다.

道(도) 다스릴 節(절) 마디

8

덕으로 인도하고

道之以政, 齊之以刑,
도 지 이 정 제 지 이 형

民免而無恥,
민 면 이 무 치

道之以德, 齊之以禮,
도 지 이 덕 제 지 이 례

有恥且格.
유 치 차 격

➲ 정치로 인도하고 형벌로 다스리면
백성은 형벌을 면하려고 하나 부끄럼이 없게 되고,
덕으로써 인도하고 예로써 다스리면
부끄러움도 알고 바른 데에 이르게 된다.

『논어』

해설 권위적인 정부는 법률과 형벌, 긴급조치와 전투경찰로 다스리지만, 민주적인 정부는 국민들의 자발성과 창의성을 존중하면서 예나 덕으로 다스린다. 이것이 유가의 정치철학인 덕치(德治), 예치(禮治), 문치(文治)이다.

齊(제) 가지런할 免(면) 면할 恥(치) 부끄러울
格(격) 바로잡을, 이를

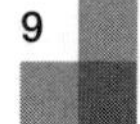

9

인재 등용의 원칙

擧直錯諸枉則民服,
거 직 조 저 왕 즉 민 복

擧枉錯諸直則民不服.
거 왕 조 저 직 즉 민 불 복

➲ 부정한 사람의 자리에 바른 사람을 등용하면 백성이 복종하고, 바른 사람의 자리에 부정한 사람을 등용하면 백성이 복종하지 아니한다.

『논어』

해설 인사(人事)가 만사(萬事)라고 했듯이 연고주의를 벗어나 직책에 가장 알맞은 정직하고 능력 있는 인재를 등용하는 정부라면 누군들 그런 정부를 신뢰하지 않겠는가.

擧(거) 들 錯(조) 둘, (착) 섞일 諸(저) 어조사 枉(왕) 굽을

10

상호 존중

君使臣以禮,
군 사 신 이 례

臣事君以忠.
신 사 군 이 충

➲ 임금은 신하를 예로써 부리고
신하는 임금을 진심으로 섬긴다.

『논어』

해설 임금은 합리적인 이치와 명령으로 신하를 부리고 신하는 진실한 마음으로 임금과 정부를 섬겨야 한다. 생텍쥐페리도 『어린 왕자』에서 명령은 우선 이치에 근거해야 복종의 의무가 생긴다고 하지 않던가.

11

불공평을 걱정해야

有國有家者,
유 국 유 가 자

不患寡而患不均,
불 환 과 이 환 불 균

不患貧而患不安.
불 환 빈 이 환 불 안

➲ 나라와 집을 경영하는 사람은
적음을 걱정하지 말고 불균등을 걱정하고,
가난을 걱정하지 말고 불안을 걱정해야 한다.

『논어』

해설 불만은 적거나 가난한 데에서 생기기보다 차별과 상대적 박탈감에서 생긴다.

患(환) 심　　寡(과) 적을　　均(균) 고를

12

임금은 임금답게

君君, 臣臣,
군 군 신 신

父父, 子子.
부 부 자 자

➲ 임금은 임금답게, 신하는 신하답게,
아비는 아비답게, 자식은 자식다워야 한다.

『논어』

해설 지도자는 지도자답게 나라를 편안히 하고, 정치인은 정치인답게 올바른 정책을 내놓으며, 아버지는 아버지답게 모범을 보이고, 자식은 자식으로서의 책임을 다한다면 나라가 어찌 안정되지 않겠는가. 문신(文臣)이 돈을 탐하지 않고 무신(武臣)이 죽음을 두려워하지 않는다면 나라가 태평해진다고 하지 않았던가.

13

지도자의 의무

必使仰足以事父母, 俯足以畜妻子,
필 사 앙 족 이 사 부 모 부 족 이 휵 처 자

樂歲終身飽, 凶年免於死亡.
낙 세 종 신 포 흉 년 면 어 사 망

➲ 반드시 우러러 부모를 섬김에 넉넉하게 하고, 굽어 처자를 양육함에도 넉넉하게 하며
풍년에는 종신토록 배부르도록 하고, 흉년에는 죽음을 면할 수 있게 한다.

『맹자』

해설 먹을 것이 넉넉해야 염치를 안다. 그러니 위정자는 모름지기 국민들의 안정된 생활을 책임져야 한다. 정약용은 『목민심서(牧民心書)』에서 위정자가 백성을 위해서 존재하는 것이지 백성이 위정자를 먹여 살리기 위해 있는 것이 아니라고 했다.

俯(부) 구부릴 畜(휵) 양육할 飽(포) 배부를 免(면) 면할

14

사람과 하늘

人衆則勝天,
인 중 즉 승 천

天定, 亦能勝人.
천 정 역 능 승 인

➲ 사람이 많이 원하면 하늘의 뜻을 이기고,
하늘의 뜻이 정해지면 능히 사람을 이길 수 있다.

신포서(申包胥)

해설 민심이 천심이라는 말처럼 민중의 소리는 곧 하늘의 소리이다. 그러나 하늘의 뜻이 정해지면 그 뜻을 따를 수밖에 없다.

勝(승) 이길 胥(서) 서로

15

이용후생

利用然後, 可以厚生,
이 용 연 후 가 이 후 생

厚生然後, 可以正德.
후 생 연 후 가 이 정 덕

➲ 자연을 잘 이용한 후에 백성의 삶이 여유 있게 되고,
여유 있게 한 후에 도덕을 바르게 할 수 있다.

박지원

해설 민물, 불, 쇠, 나무, 흙 같은 자연을 잘 이용해서 민중의 생활을 넉넉히 한 후에라야 교육을 시켜 덕을 바로잡을 수 있다. 굶주린 백성의 귀에 공자의 말씀이 들리겠는가.

厚(후) 두터울

16

배부르게 한 뒤에

倉廩實而知禮節,
창 름 실 이 지 예 절

衣食足而知榮辱.
의 식 족 이 지 영 욕

➲ 창고가 꽉 찬 뒤에 예절을 알고
옷과 음식이 풍족한 뒤에 영욕을 안다.

『관자』

해설 의식주를 비롯한 기본 생존 문제가 해결되어야 사람들이 예의를 챙기고 부끄러움을 생각할 수 있게 된다.

廩(름) 창고

17

임용의 원칙

疑則勿任,
의 즉 물 임

任則勿疑.
임 즉 물 의

➲ 의심나면 임명하지 말고,
임명했으면 의심하지 말라.

『자치통감』

해설 문제의 소지가 있는 사람을 등용하지 말고, 일단 일을 맡겼으면 그 사람을 믿고 약간의 실수가 있더라도 기다리며 그가 잘하도록 격려한다.

18

백성의 마음이 성인의 마음

聖人無常心,
성 인 무 상 심

以百姓心爲心.
이 백 성 심 위 심

➲ 성인은 고정된 마음이 있는 것이 아니라
백성의 마음을 자기의 마음으로 삼는다.

『노자』

해설 성인은 사심이 없어 백성들의 마음을 곧 자기의 마음으로 생각한다.

19

장점을 취해야

君子用人, 如器,
군 자 용 인 여 기

各取所長.
각 취 소 장

➲ 임금이 사람을 쓸 때는 그릇을 쓰듯이 해서
각기 그 장점을 취해야 한다.

당태종

해설 중국 한나라의 고조 유방(劉邦)도 자기가 항우(項羽)를 이기고 천하를 평정한 이유가 장량(張良)이나 한신(韓信), 소하(蕭何) 같은 인재들의 장점을 취해 썼기 때문이라고 했는데, 당나라 태종(太宗)도 역시 이 점을 알고 있었다.

20

물 위의 배

君者舟也,
군 자 주 야

庶人者水也.
서 인 자 수 야

➲ 임금은 배이고,
백성은 물이다.

『순자(荀子)』

해설 물은 배를 띄우기도 하지만 뒤집기도 한다. 슬기로운 뱃사공은 물의 흐름을 알고, 현명한 지도자는 민중의 마음을 읽는다.

21

이름과 이익

士, 名重於利,
사 명중어리

吏, 利重於名.
리 이중어명

➲ 선비는 이름을 이익보다 중시하지만,
관리는 이익을 이름보다 중시한다.

『자치통감』

해설 선비는 명예를 소중히 여기고, 관리는 녹봉을 소중히 여긴다. 사마천(司馬遷)도 『사기(史記)』에서 선비는 자기를 알아주는 사람을 위해 목숨을 바친다고 했다.

22

자각된 민중

天下之所可畏者, 唯民而已.
천 하 지 소 가 외 자 유 민 이 이

民可畏有甚於水火虎豹.
민 가 외 유 심 어 수 화 호 표

➲ 천하에서 제일 두려운 것은 오직 민중뿐이다.
민중은 물이나 불, 호랑이나 표범보다 두렵다.

허균(許筠), 「호민론(豪民論)」

해설 허균은 자기의 권리를 깨닫지 못한 민중을 항민(恒民), 불만을 늘어놓기만 하는 민중을 원민(怨民), 자기의 권리를 자각하고 틈이 있을 때 자기의 권리를 위해 싸울 줄 아는 민중을 호민(豪民)이라고 했다. 이 의식화된 민중인 호민이야말로 역사의 주체가 될 수 있다.

虎(호) 호랑이 豹(표) 표범 筠(균) 대나무

23

나라 다스리는 방법

治國之道,
치 국 지 도

在乎寬猛得中.
재 호 관 맹 득 중

➲ 나라를 다스리는 방법은
너그러움과 엄정함을 적절히 하는 데에 있다.

『송명신언행록(宋名臣言行錄)』

해설 부드러울 때는 부드럽게, 원칙과 정도를 지킬 때는 엄격하게 이렇게 때에 적절히 맞추는 것을 시중(時中)이라 한다.

寬(관) 너그러울 猛(맹) 사나울

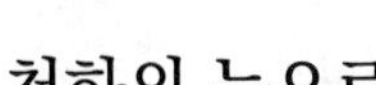

천하의 눈으로

人主者,
인 주 자

以天下之目視,
이 천 하 지 목 시

以天下之耳聽.
이 천 하 지 이 청

➲ 임금 된 자는
천하 사람의 눈으로 보고,
천하 사람의 귀로 들어야 한다.

『회남자』

해설 지도자가 겸허해야 민중의 소리를 들을 수 있고, 자기의 이해관계에서 벗어나 자유부동성(自由浮動性)을 가질 때 공평무사한 판단을 할 수 있다.

제10강

시와 음악을 즐기며

시를 잃어버린 시대는 불행하다. 시인이 새 소리나 풀잎에 맺힌 이슬방울을 노래하지 않는다면 우리가 어떻게 자연의 신비를 알 수 있으며, 암흑한 시대에 어둠을 밝히는 여명을 노래하지 않는다면 우리가 어떻게 희망을 품을 수 있으며, 민중의 아픔을 대변하고 현실의 모순을 예리하게 드러내지 않는다면 우리는 얼마나 답답하겠는가.

김시습(金時習)의 말대로 시는 현실에 만족하지 못하고 새로운 가치를 꿈꾸는 사람에게는 하나의 구원이며, 노래와 음악은 일하는 사람, 삶에 지친 사람에게 큰 위로와 기쁨을 준다.

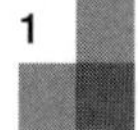

1

시를 읽으면 마음이 바르고

詩三百, 一言以蔽之,
시 삼 백 　 일 언 이 폐 지

曰 思無邪.
왈 　 사 무 사

➲ 『시경』 300편의 뜻을 한마디의 말로 요약할 수 있으니, '생각에 사특함이 없다'는 것이다.

『논어』

해설 아리스토텔레스(Aristoteles)는 그의 『시학』에서 시가 인간의 감정을 정화시켜 준다고 했다. 공자는 시를 읽으면 마음이 바르게 된다고 했다. 사특함이 없는 마음이 바로 시심(詩心)이 아닐까.

蔽(폐) 덮을　　邪(사) 간사할

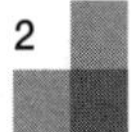

즐거우나 지나치지 않고

關雎, 樂而不淫,
관 저 낙 이 불 음

哀而不傷.
애 이 불 상

➲ 『시경』의 「관저」 편은 즐거우면서도 지나치지 않고, 슬프면서도 몸을 상하게 하지는 않는다.

『논어』

해설 좋은 시는 사람의 즐거움과 슬픔을 담아내면서도 정도를 지나치는 법이 없다.

雎(저) 물수리 淫(음) 지나칠 哀(애) 슬플

3

시를 읽지 않으면 답답해져

人而不爲周南召南,
인 이 불 위 주 남 소 남

其猶正牆面而立也與.
기 유 정 장 면 이 립 야 여

➲ 사람으로서 『시경』의 주남편과 소남편을 공부하지 않으면 담장을 정면으로 마주하고 서 있는 것과 같이 답답할 것이다.

『논어』

해설 　사실만을 전달하는 글은 무미건조한 데에 비해 시는 언어를 함축적으로 구사하기에 여유가 있고 상상의 즐거움도 있다.

猶(유) 오히려　　牆(장) 담

4

시는 감흥을 일으키고

詩, 可以興,
시 가이홍

可以觀,
가이관

可以群,
가이군

可以怨.
가이원

➲ 시는 사람의 감흥을 일으킬 수 있으며,
세상과 인심을 살필 수 있으며,
무리를 지을 수 있게 하며,
원망을 담아낼 수 있게 한다.

『논어』

해설 시는 자연의 신비를 노래하고 세상의 민심을 담아낸다. 시인은 자연의 친구이며 시대의 예언자이다.

興(홍) 일으킬 觀(관) 볼 群(군) 무리 怨(원) 원망할

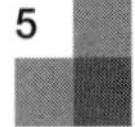

5

뜻의 전달

辭, 達而已矣.
사 　달 이 이 의

➲ 말은 뜻이 전달되게 할 뿐이다. 말을 너무 꾸미면 진실과 멀어진다.

『논어』

해설 　말을 너무 꾸미면 진실과 멀어진다.

辭(사) 말

6

선하고 아름답게

子謂韶,
자 위 소

盡美矣,
진 미 의

又盡善也.
우 진 선 야

➲ 공자가 소(韶)라는 음악에 대해 평하기를
"형식적으로도 지극히 아름답고, 그 내용도 지극히 좋다" 했다.

『논어』

해설 　멜로디도 듣기 좋고 가사 내용도 좋다면 그것이 최고의 음악일 것이다. 사이먼 앤 가펑클(Simon & Garfunkel)의 「험한 세상에 다리가 되어(Bridge Over Troubled Water)」가 그런 노래에 가까울까.

盡(진) 다할

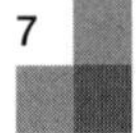

7

시는 마음을 일으켜

興於詩,
홍 어 시

立於禮,
입 어 례

成於樂.
성 어 악

➲ 시에서 우리 마음을 흥기시키며,
예에 입각해 행동하며,
악으로 인격을 완성한다.

『논어』

해설 시로 우리 마음을 일으키고 예에 입각해서 행동하며, 우리의 인격을 예악(禮樂)의 하모니 정신으로 완성한다.

8

예에 노닐며

志於道,
지 어 도

據於德,
거 어 덕

依於仁,
의 어 인

游於藝.
유 어 예

➲ 도에 뜻을 두며,
덕을 굳게 지키며,
인에 의지하며,
예에 노닌다.

『논어』

해설 삶의 궁극적인 목표를 도에 두고, 마음의 바탕은 덕에 두고, 인의 정신으로 살아가며 예로 자유롭게 노닌다.

據(거) 의거할 依(의) 의지할 游(유) 헤엄칠 藝(예) 심을, 재주

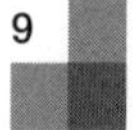

9

시는 구원

世與我相反,
세 여 아 상 반

除詩無以娛.
제 시 무 이 오

➲ 세상과 내가 서로 어긋나니
시를 제외하고는 나를 기쁘게 할 것이 없다.

김시습(金時習)

해설 혼탁한 세상에서 깨끗한 마음으로 살아가려는 사람에게는 시가 곧 구원일 것이다.

除(제) 덜 娛(오) 즐거워할

10

시는 뜻을 드러내

詩者, 志之所之也.
시 자 지 지 소 지 야

在心爲志,
재 심 위 지

發言爲詩.
발 언 위 시

➲ 시는 뜻이 가는 바를 기술하는 것이다.
마음에 있으면 뜻이 되고,
언어로 표현되면 시가 된다.

『시경서(詩經序)』

해설 시는 자기 마음을 운율과 언어에 담아 드러내는 것이다. 순수한 마음을 그대로 드러낼 줄 아는 모든 어린이는 다 시인인 셈이다.

조선 시

我是朝鮮人,
아 시 조 선 인

甘作朝鮮詩.
감 작 조 선 시

➲ 나는 조선인이므로
즐겨 조선 시를 짓겠노라.

정약용

해설 조선인은 조선인답게 우리의 풍속과 방언, 우리 민중의 숨결과 우리 겨레의 역사를 노래할 때 우리의 시가 된다는 뜻이다. 민족의식과 근대 지향 의식을 지녔던 다산(茶山)다운 말이다.

시의 취향

詩有別趣,
시 유 별 취

非關理也.
비 관 리 야

➲ 시는 특별한 취향이 있으며,
이치와 관련된 것은 아니다.

허균

해설 시는 시 나름의 자율적 취향을 지니는 것이지 도덕적 교훈과 상관있는 것은 아니다. 천진(天眞)을 그대로 드러낼 뿐이다.

趣(취) 뜻

13

개성적인 시

吾則懼, 其似唐似宋,
오 즉 구 기 사 당 사 송

而欲人曰, 許子之詩也.
이 욕 인 왈 허 자 지 시 야

➲ 나는 내 시가 당시나 송시와 비슷하다느니 하게 될까 두렵고, 오직 '허균의 시'라고 말하게 하고 싶다.

허균

해설 허균은 누군가의 시를 흉내 내는 것을 제일 싫어했다. 허균이 바라는 시는 자기의 목소리가 담긴 개성적인 시였다.

懼(구) 두려울 似(사) 비슷할

14

함축된 의미

凡爲詩,
범 위 시

意在言裏,
의 재 언 리

含蓄有餘爲佳.
함 축 유 여 위 가

➲ 시를 지을 때는
뜻이 말 뒤에 함축되어 있어야
아름답게 된다.

홍만종(洪萬宗)

해설 말 밖에 뜻이 다 드러나면 그것은 산문이다. 시는 말속에 함축된 뜻이 들어 있어야 한다는 것이다. 그래서 어떤 이는 시는 무용, 산문은 도보에 비유했던가.

裏(리) 속 含(함) 머금을 蓄(축) 쌓을 佳(가) 아름다울

15

노래는 정을 드러내

歌者, 言其情也.
가 자 언 기 정 야

情動於言, 言成於文, 謂之歌.
정 동 어 언 언 성 어 문 위 지 가

➲ 노래는 정을 말로 한 것이다.
정이 말에서 움직이고, 말이 아름다운 형식을 이루면 노래라고 한다.

홍대용

해설 라이너 마리아 릴케(Rainer Maria Rilke)는 마음에 쓰지 않고는 못 배길 정(情)의 움직임이 있을 때 그것을 언어로 표현해야 좋은 시와 노래가 된다고 했다.

16

자연스러운 문장

字其方言,
자 기 방 언

韻其民謠,
운 기 민 요

自然成章,
자 연 성 장

眞機發現.
진 기 발 현

➲ 우리나라 방언을 문자로 옮기고
그 민요의 운율을 맞추면
자연히 문장이 이루어지고
진기가 발현된다.

박지원

해설 우리의 시는 우리 겨레의 정서를 우리나라의 언어와 우리의 가락으로 담아낼 때 비로소 진실해진다는 것이다.

韻(운) 운율 謠(요) 노래

17

벗을 보내며

雨歇長堤草色多, 送君南浦動悲歌,
우 헐 장 제 초 색 다 송 군 남 포 동 비 가

大洞江水何時盡, 別淚年年添綠波.
대 동 강 수 하 시 진 별 루 연 년 첨 록 파

➲ 비 개인 강둑에 풀빛 더욱 푸른데, 남포로 임 보내자니 노래 또한 슬퍼라.
대동강 물은 언제나 마를 거나, 해마다 이별 눈물 보태는 것을.

정지상(鄭知常), 「송우인(送友人)」

해설 이 시는 우리나라 한시 중 가장 뛰어난 작품으로 중국의 시와 견주어도 전혀 손색이 없다는 평을 들었다. 봄에 벗을 보내는 정경을 이처럼 애절하게 노래할 수가 있을까.

歇(헐) 그칠 堤(제) 방죽 盡(진) 다할 淚(루) 눈물
添(첨) 더할

18

농삿집

翁老守雀坐南陂,
옹 로 수 작 좌 남 피

粟拖狗尾黃雀垂.
속 타 구 미 황 작 수

長男中男皆出田,
장 남 중 남 개 출 전

田家盡日晝掩扉.
전 가 진 일 주 엄 비

鳶蹴鷄兒攫不得,
연 축 계 아 확 부 득

群鷄亂啼匏花籬.
군 계 난 제 포 화 리

➲ 늙은 첨지 새 쫓느라 남녘 비탈 둑에 앉았는데,
개 꼬리, 조 이삭에 노란 참새 매달렸네.
큰 머슴아 중머슴아 모두 다 들일 가니
농삿집 온종일 낮에도 문 닫혔네.
솔개가 병아리를 채려다가 빗나가니
호박꽃 핀 울타리에 뭇 닭들이 꼬꼬댁꼬꼬댁.

小婦戴棬疑渡溪,
소 부 대 권 의 도 계

赤子黃犬相追隨.
적 자 황 견 상 추 수

➲ 젊은 아낙네 광주리 이고 시내를 건너는데
어린아이, 누렁이가 줄지어 뒤따르네.

박지원, 「전가(田家)」

해설 이 글은 우리나라 농촌의 가을 풍경을 사실적으로 그려낸 걸작이다. 그래서 남북한 문학사에서 모두 이 작품을 다루고 있다. 이 시를 읽으면 "넓은 벌 동쪽 끝으로 옛 이야기 지줄대는……"으로 시작되는 정지용의 「향수」를 연상된다.

翁(옹) 늙은이 | 雀(작) 참새 | 陂(피) 비탈, 언덕 | 粟(속) 조
拖(타) 끌 | 眉(미) 꼬리 | 垂(수) 드릴 | 皆(개) 다
盡(진) 다할 | 晝(주) 낮 | 掩(엄) 가릴 | 扉(비) 문짝
鳶(연) 솔개 | 蹴(축) 찰 | 鷄(계) 닭 | 攫(확) 붙잡을
群(군) 무리 | 啼(제) 울 제 | 匏(포) 박 | 籬(리) 울타리
戴(대) 일 | 棬(권) 광주리 | 渡(도) 건널 | 隨(수) 따를

19

아리따운 아가씨는 군자의 좋은 짝

關關雎鳩, 在河之洲,
관 관 저 구 재 하 지 주

窈窕淑女, 君子好逑,
요 조 숙 녀 군 자 호 구

參差荇菜, 左右流之,
참 치 행 채 좌 우 유 지

窈窕淑女, 寤寐求之.
요 조 숙 녀 오 매 구 지

➲ 꾹꾹 하며 우는 물수리는 황하의 모래톱에 노닐고
어질고 아리따운 아가씨는 군자의 좋은 짝일세.
크고 작은 마름풀을 이리저리 찾고
어질고 아리따운 아가씨를 자나 깨나 구한다네.

『시경』

해설 『시경』「관저(關雎)」편의 첫 연이다. 『시경』의 첫머리에 등장하는 시가 이처럼 청춘 남녀의 애틋한 사랑을 민요풍으로 자연스럽게 노래한 것이 매우 상징적이다.

關(관) 새소리 雎(저) 물수리 鳩(구) 비둘기 洲(주) 섬
窈(요) 그윽할 窕(조) 정숙할 逑(구) 짝 荇(행) 마름
差(치) 들쑥날쑥할 寤(오) 깰 寐(매) 잠잘

20

돌아가는 기러기

春來萬里客, 亂定幾年歸.
춘 래 만 리 객 난 정 기 년 귀

腸斷江城鴈, 高高正北飛.
장 단 강 성 안 고 고 정 북 비

➲ 봄에 온 만 리 길 나그네 신세
난이 그치거든 어느 해에 돌아가려나.
높이 떠서 바로 북으로 날아가는
강성의 기러기
남의 애간장을 긋나니.

두보(杜甫), 「귀안(歸鴈)」

해설 중국의 시성 두보의 짧은 5언 절구의 시이다. 전란으로 피난 온 나그네가 자유로이 날아가는 기러기를 보며 고향 생각으로 애통해하는 심정이 절절히 스며 있다.

歸(귀) 돌아갈 腸(장) 창자 斷(단) 끊을 鴈(안) 기러기
飛(비) 날

21

자기 생각으로

不以文害辭,
불 이 문 해 사

不以辭害志,
불 이 사 해 지

以意逆志.
이 의 역 지

➲ 문자로 말뜻을 해침이 없고,
말로써 본래의 뜻을 해침이 없으며,
보는 사람의 생각으로 지은이의 뜻을 헤아려야 한다.

『맹자』

해설 시를 볼 때 한 자에 얽매어 구절의 뜻을 잘못 해석해서는 안 되고, 한 구절에 얽매어 시인의 뜻을 왜곡해서는 안 된다. 중요한 것은 자기의 생각으로 지은이의 본뜻을 받아들여야 한다.

22

절차탁마

如切如磋,
여 절 여 차

如琢如磨.
여 탁 여 마

➲ 자르듯이 갈듯이,
쪼듯이 닦듯이.

『시경』

해설 옥을 잘라 갈아 다듬듯이, 돌을 쪼아 갈아 다듬듯이 우리의 언행도 늘 수행과 정진을 멈추지 말라는 『시경』의 시이다.

23

전전긍긍

戰戰兢兢,
전 전 긍 긍

如臨深淵,
여 림 심 연

如履薄氷.
여 리 박 빙

➲ 두려워하고 조심하기를
깊은 연못에 임하듯이
살얼음을 밟는 듯이.

『시경』

해설 매사를 삼가고 조심하라는 『시경』의 시이다.

24

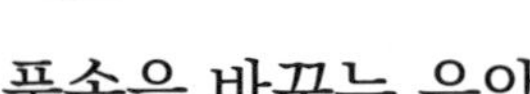

풍속을 바꾸는 음악

移風易俗,
이 풍 역 속

莫善於樂,
막 선 어 악

安上治民,
안 상 치 민

莫善於禮.
막 선 어 례

➲ 풍속을 바꾸는 데에는 음악만 한 것이 없고
임금을 편안케 하고 백성을 다스리는 데는
예법만 한 것이 없다.

『효경(孝經)』

해설 사회를 아름답게 만들고 민심을 넉넉하게 하는 데에는 음악과 예법이 동시에 필요하다. 예술이 없는 사회는 재미가 없고, 질서가 없는 나라는 혼란하다.

제11강

여유 있고 자유롭게

사람은 늘 일만 하고는 살 수 없다. 일과 휴식의 적절한 조화는 일의 능률을 위해서도 필요하다.

동양 양대 사상의 조류 가운데 하나인 유가에서는 예와 덕을 강조했고, 다른 흐름인 도가에서는 무위와 자연을 말한다. 이기심을 극복해 예를 회복하고 나라를 덕으로 다스려 평화로운 세상을 만드는 것이 유가의 목표라면, 일을 하되 자랑하지 않으며 만물을 키워내면서도 주재하지 않는 자연스러운 경지에 이르는 것이 도가의 목표이다.

사회를 유지하는 데에는 예법을 강조하는 유가 사상이 유용하지만, 노장 사상은 인간을 어디에도 얽매이지 않고 자유롭게 살아갈 수 있는 여유를 제공해 준다.

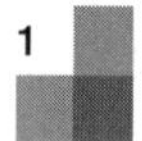

1

남을 탓하지 않고

上不怨天,
상 불 원 천

下不尤人.
하 불 우 인

➲ 위로는 하늘을 원망치 않고
아래로는 사람들을 탓하지 않는다.

『중용』

해설 　　성숙한 사람은 남을 탓하지 않고 모든 것을 있는 그대로 받아들이며 어디에 얽매이지 않고 편안한 마음으로 여유 있게 살아간다.

怨(원) 원망할　　尤(우) 탓할

고요함 속의 위엄

靜有威,
정 유 위

躁無威.
조 무 위

➲ 고요함 속에 위엄이 있고
조급하면 위엄이 없어진다.

『회심언(會心言)』

해설 말과 행동을 신중하게 하면 위엄이 있고, 조급하게 서두르면 권위가 없어진다.

靜(정) 고요할 威(위) 위엄 躁(조) 성급할

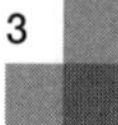

3

늘 새로운 마음으로

生而不有,
생 이 불 유

爲而不恃,
위 이 불 시

功成而不居.
공 성 이 불 거

➲ 태어나게 했으면서도 소유하지 않고
일을 하고서 그것을 믿고 자랑하지 않으며
공을 세우고 거기 머물지 않는다.

『노자』

해설 성인은 만물을 자라게 하면서도 자기가 소유하지 않고 일을 하고서도 자기의 능력을 뽐내지 않으며 공을 세우고서도 그곳에 연연하지 않는다.

恃(시) 믿을

4

말없는 가르침

聖人,
성 인

處無爲之事,
처 무 위 지 사

行不言之敎.
행 불 언 지 교

➲ 성인은
무위의 자세로 일을 하며
말없는 가르침을 행한다.

『노자』

해설 마음이 넓은 사람은 상대방의 자존심과 창의성을 존중하면서 말없이 스스로 깨닫기를 기다리고 격려한다. 가장 훌륭한 스승은 무엇을 가르쳐주기보다는 학생이 스스로 깨달을 수 있는 분위기를 만들어준다.

5

큰 말씀

大直若屈,
대 직 약 굴

大巧若拙,
대 교 약 졸

大辯若訥.
대 변 약 눌

➲ 큰 곧음은 굽은 것 같고,
큰 기교는 서툰 것 같고,
큰 말씀은 어눌한 것 같다.

『노자』

해설 깊은 지혜가 담긴 말은 가볍게 나오지 않고 오랜 성찰을 거쳐 조심스레 나온다. 이 문장 앞에 "크게 곧음은 굽은 것 같고, 큰 기교는 서투른 것 같다(大直若屈, 大巧若拙)"라는 구절이 있다.

屈(굽) 굽을, (졸) 서툴　　辯(변) 말 잘할　　訥(눌) 말더듬을

6

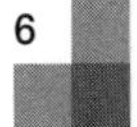

마음을 낮추는 사람

凡有下心者,
범 유 하 심 자

萬福自歸依.
만 복 자 귀 의

➲ 무릇 마음을 낮추는 사람에게는
만복이 스스로 돌아온다.

야운조사(野雲祖師)

해설 자기 마음을 비워야 진리를 담을 수 있고, 자기를 낮추면 사람들이 편안한 마음으로 모여든다.

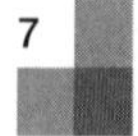

큰 지혜와 작은 지혜

大知閑閑, 小知間間,
대 지 한 한　소 지 간 간

大言炎炎, 小言詹詹.
대 언 담 담　소 언 첨 첨

➲ 대지(大知)는 너그럽고
소지(小知)는 사소한 것을 따지고
대언(大言)은 담담하지만
소언(小言)은 수다스럽다.

『장자』

해설　큰 지혜와 큰 말씀은 평범한 듯하면서도 깊이가 있고, 작은 지식과 작은 말은 소란스럽기만 하다. 빈 수레가 요란한 법이다.

炎(염) 탈, (담) 담박할　詹(첨) 수다스러울

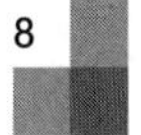

쓰지 않음의 쓰임

人皆知有用之用,
인 개 지 유 용 지 용

而莫知無用之用也.
이 막 지 무 용 지 용 야

➲ 사람들은 모두 실용적인 것의 효능만 알고
쓰이지 않는 것의 효용성에 대해서는 모른다.

『장자』

해설　쓰이는 것과 쓰이지 않는 것이 어울릴 때 창조적 균형이 이루어진다. 일과 휴식, 긴장과 이완, 말과 침묵, 그림과 여백의 조화 등. 공원이 없는 아파트 숲은 얼마나 답답한가.

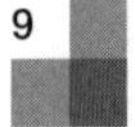

9

군자의 사귐

君子之交淡若水,
군 자 지 교 담 약 수

小人之交甘若醴.
소 인 지 교 감 약 례

➲ 군자의 사귐은 물과 같이 담담하고
소인의 사귐은 단술처럼 달콤하다.

『장자』

해설 군자의 사귐은 담담하지만 사귈수록 친해지고, 소인의 사귐은 처음에는 달콤하지만 단맛이 빠지면 멀어진다.

醴(례) 단술

10

조그만 지혜

去小知而大知明,
거 소 지 이 대 지 명

去善而自善矣.
거 선 이 자 선 의

➲ 소지를 버려야 대지가 밝게 드러나고,
선을 버려야 스스로 선해진다.

『장자』

해설 작은 것에 얽매이지 말아야 큰 깨달음을 얻을 수 있고, 의도적으로 선하려는 마음을 넘어서서 자연스러워져야 비로소 참으로 선하다 할 것이다.

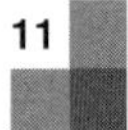

숭고하고 넓은 덕

上德若谷,
상 덕 약 곡

大白若辱,
대 백 약 욕

廣德若不足.
광 덕 약 부 족

➲ 숭고한 덕은 낮은 계곡 같고
정말 깨끗한 것은 더러운 것 같고
넓은 덕은 마치 부족한 것 같다.

『노자』

해설 높은 덕은 그윽하고 넓은 덕은 바보같이 단순하다.

谷(곡) 골 辱(욕) 더러울, 욕할 廣(광) 넓을

12

말과 지혜

知者不言,
지 자 불 언

言者不知.
언 자 부 지

➲ 지혜로운 자는 말을 함부로 내지 않고
말을 함부로 내는 사람은 지혜롭지 못하다.

『노자』

해설 훌륭한 지도자는 민중에게 명령을 함부로 내리지 않고, 지혜로운 스승은 말을 많이 하지 않고서도 교화한다. 말을 많이 하는 사람을 어찌 슬기롭다고 하겠는가.

13
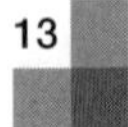

믿음성 있는 말

信言不美,
신 언 불 미

美言不信.
미 언 불 신

➲ 믿음성 있는 말은 아름답게 꾸미지 않고
아름답게 꾸민 말은 믿음성이 없다.

『노자』

해설 진실을 담은 말은 소박하고, 잘못이 있는 사람은 말을 자꾸만 꾸미려 한다.

14

스스로 자랑하는 사람

自伐者無功,
자 벌 자 무 공

功成者墮,
공 성 자 타

名成者虧.
명 성 자 휴

➲ 스스로 자랑하는 사람은 공이 없고
공을 이룬 사람은 무너지며
이름을 날린 사람은 찌그러진다.

『장자』

해설 말을 하면 공이 사라지고, 공명을 이루고 나면 내려갈 일만 남는다. 달이 차면 기우는 법이다.

墮(타) 떨어질 虧(휴) 이지러질

15

지인, 신인, 성인

至人無己,
지 인 무 기

神人無功,
신 인 무 공

聖人無名.
성 인 무 명

➲ 지인에게는 사심이 없고,
신인에게는 공적이 없으며,
성인에게는 명예가 없다.

『장자』

해설 지인은 이기적인 생각을 하지 않고, 신인은 자기 공을 내세우지 않으며, 성인은 행적은 있으나 이름을 남기지 않는다.

16

사는 것은 정에 따라

禮教寧拘放,
예 교 녕 구 방

浮沈只任情.
부 침 지 임 정

➲ 예교가 어찌 나를 구속할 수 있으리오.
사는 것은 정에 따라 하겠노라.

허균, 『홍길동전』

해설 『홍길동전』의 작가 허균은 당시 중세의 권위주의적인 예교로부터 벗어나 자연의 성정대로 살려고 했다. 시대의 선구자 허균은 윤리, 도덕은 성현이 만든 것이고 인간의 정욕은 하늘이 준 것인데, 자기는 "성현의 뜻을 따르기보다 하늘의 뜻을 따르겠다"라고까지 했다.

寧(녕) 어찌, 편안할　　拘(구) 잡을

17

덕과 지위

德薄而位尊,
덕 박 이 위 존

智小而謀大,
지 소 이 모 대

鮮不及禍矣.
선 불 급 화 의

➲ 덕이 적으면서 지위가 높고
지혜가 모자라면서 큰일을 도모하면
화에 이르지 않은 경우가 없다.

『주역』

해설 좁은 그릇에 많은 물을 담으면 넘치기 마련이다. 그런데 세상에는 자기 깜냥은 돌아보지 않고 큰 자리만 탐내는 사람이 좀 많은가.

薄(박) 엷을 尊(존) 높일

18

큰 근심과 작은 걱정

君子有終身之憂,
군 자 유 종 신 지 우

無一朝之患也.
무 일 조 지 환 야

➲ 군자는 평생을 고민하는 문제는 있어도
하루아침의 근심은 없다.

『맹자』

해설 군자는 근본적이고 본질적인 문제를 가지고 씨름을 하지만, 무엇을 먹을까 무엇을 마실까 하는 자질구레한 문제에 신경을 쓰지 않는다.

憂(우) 근심 患(환) 걱정

19

작은 이익에 구애되지 말아야

見小利則大事不成.
견 소 리 즉 대 사 불 성

➲ 작은 이익을 구애되면
큰일을 이루지 못한다.

『논어』

해설 눈앞의 조그만 이익을 탐하다가는 정작 큰일을 그르칠 수가 있다. 나무는 보고 숲을 보지 못하는 어리석음을 경계한 말이다.

20

준비하면서 때를 기다리고

以備待時,
이 비 대 시

以時興事.
이 시 흥 사

➲ 준비하면서 때를 기다리고,
때가 되면 일을 일으킨다.

『관자』

해설 기다리기만 하는 사람에게는 때가 오지 않고, 설령 기회가 와도 그것을 잡지 못한다. 그래서 늘 준비하면서 때를 기다리고, 때가 왔을 때는 일을 시작한다.

備(비) 갖출　　興(흥) 일으킬

21

먼 생각

人無遠慮,
인 무 원 려

必有近憂.
필 유 근 우

➲ 멀리 내다보지 않으면
반드시 자질구레한 근심거리가 생긴다.

『논어』

해설 원대한 포부와 계획이 없으면 소시민적인 일상생활에 파묻히기 쉽다.

慮(려) 생각

22

안정과 위험

居安思危.
거 안 사 위

➲ 평안히 지낼 때에
위험한 일을 생각한다.

『정관정요(貞觀政要)』

해설 나라가 안정되었을 때 위험이 닥칠 것을 예상하고 준비하라는 말이다.

23

물고기는 물을 잊고

魚得水逝,
어 득 수 서

而相忘乎水,
이 상 망 호 수

鳥乘風飛,
조 승 풍 비

而不知有風.
이 부 지 유 풍

➲ 물고기는 물을 얻어 헤엄을 치건만 물을 잊고,
새는 바람을 타고 날건만 바람 있음을 모른다.

『채근담』

해설 가장 높은 경지는 의식하지 않고 자연스럽게 저절로 되는 것이다. 산 절로, 수 절로, 산수 간에 나도 절로 말이다.

逝(서) 갈

물이 맑으면

滄浪之水清兮,
창 랑 지 수 청 혜

可以濯吾纓,
가 이 탁 오 영

滄浪之水濯兮,
창 랑 지 수 탁 혜

可以濯吾足.
가 이 탁 오 족

➲ 창랑의 물이 맑으면 내 갓끈을 씻고,
창랑의 물이 흐리면 내 발을 씻는다.

『초사(楚辭)』, 「어부사(漁父辭)」

해설 세속의 먼지와 번뇌를 떠나 자연과 더불어 유유자적하게 살아간 시인 굴원(屈原) 「어부사(漁父辭)」의 첫째 연이다.

제12강

자연과 함께

인간의 비극은 인간과 자연의 조화로운 관계가 깨진 데에서 비롯되었다. 옛날 선현들은 풀 한 포기, 나무 한 그루에도 천지의 화평한 기운이 담겨 있다고 믿었고, 인간과 만물이 다 천지의 산물이라고 생각했다. 그러나 산업화 이래 이러한 만물이 다 하나라는 만물일류(萬物一類) 사상은 인간 중심의 지속적 발전이라는 논리에 의해 뒷전으로 밀려나고, 자연은 오직 인간의 이용과 정복의 대상으로만 여겨졌다.

그 결과 우리 인류는 산림자원을 훼손해 사막화 현상, 에너지 고갈과 지구온난화, 오존층 파괴와 피부암 발생, 남북극 빙하의 해빙과 해수면 상승, 지하수 고갈과 공기오염, 만성적 가뭄과 비정상적인 기상현상, 전염병의 전 지구적 확산 등과 같은 생태학적 위기를 맞고 있다.

1

도는 스스로 그러하고

人法地,
인 법 지

地法天,
지 법 천

天法道,
천 법 도

道法自然.
도 법 자 연

➲ 사람은 땅의 이치를 본받고
땅은 하늘의 이치를 본받으며
하늘은 도의 이치를 본받고
도는 스스로 그러하다.

『노자』

해설 가장 높은 경지는 스스로 그러한 것이다. 그래서 도조차 스스로 그러한 자연의 이치를 본받는다고 하지 않는가.

法(법) 본받을

2

천지와 성인

天地, 無心而有爲,
천지 무심이유위

聖人, 有心而無爲.
성인 유심이무위

➲ 천지는 마음이 없으나 하는 일이 있고,
성인은 마음은 있으나 하는 것이 없다.

『주역』

해설 땅과 하늘은 마음은 없으나 움직임이 있고 성인은 마음은 있으나 티 내지 않고 자연스레 한다.

3

천지는 우리의 부모

天地者,
천 지 자

吾之父母也.
오 지 부 모 야

人事天地,
인 사 천 지

當如事父母.
당 여 사 부 모

➲ 천지는 우리 인간의 부모이므로,
사람이 하늘과 땅 섬기기를 부모 섬기듯 해야 한다.

오징(吳澄)

해설 자연은 인간의 모태이다. 그러나 우리는 자연의 소중함을 모르고 산업화가 시작된 이래 우리 인간들의 욕심을 채우기 위해 그동안 얼마나 자연을 착취해 왔는가. 오늘날의 생태학적 위기는 자연을 섬기지 않는 데에서 비롯된 것이다.

事(사) 섬길, 일　　澄(징) 맑을

천지의 마음

天地之心, 孔仁,
천 지 지 심 공 인

發生萬物, 成就萬物.
발 생 만 물 성 취 만 물

非雨露, 不能生物,
비 우 로 불 능 생 물

非霜雪, 不能成物.
비 상 설 불 능 성 물

➲ 천지의 마음은 매우 자애로워서
만물을 생기게 하고 성장하게도 한다.
비와 이슬이 아니면 만물이 생육할 수 없고,
서리와 눈이 아니면 만물을 성취시킬 수도 없다.

이항로(李恒老)

해설 하늘과 땅은 모든 생명의 근원이다. 땅이 아니면 만물이 어디에 뿌리를 두겠으며 하늘에서 내리는 비와 이슬이 아니면 어떻게 생명을 유지할 수 있겠는가.

露(로) 이슬 霜(상) 서리

풀 한 포기

一草一木,
일 초 일 목

皆天地和平之氣.
개 천 지 화 평 지 기

➲ 풀 한 포기, 나무 한 그루도
모두 천지의 화평한 기운이다.

정자(程子)

해설 무위당 장일순 선생도 나락 한 알 속에도 우주의 신비가 담겨 있다고 하지 않았는가.

6

만물을 사랑하는 길

愛物之道,
애 물 지 도

不過各遂其性而已.
불 과 각 수 기 성 이 이

➲ 만물을 사랑하는 길은
각기 타고난 본성을 이루어주는 데에 불과하다.

김시습

해설 만물을 진정으로 사랑한다는 것은 풀과 나무와 온갖 생물이 스스로 즐거워하도록 그 본성을 왜곡시키지 않고 자기의 성질대로 자라게 도와주는 것이다.

遂(수) 이룰

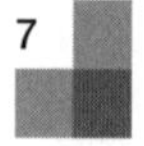

이롭고 윤택하게

利民澤物.
이 민 택 물

➲ 민중을 이롭게 하고,
만물을 윤택케 한다.

박지원

해설 자연이 시들면 사람도 병든다. "자연을 파괴하는 인간은 결국 자신의 인간적 본성을 파괴한다"[프란츠 알트(Franz Alt), 『생태적 경제기적』].

8

만물에는 이치가 있어

夫天下之物, 凡有形者, 皆有理,
부 천 하 지 물 범 유 형 자 개 유 리

大而山水, 小而至於拳石寸木,
대 이 산 수 소 이 지 어 권 석 촌 목

莫不皆然.
막 불 개 연

➲ 무릇 천하의 만물 가운데 형상이 있는 것은 다 이치가 있다.
크게는 산수로부터 작게는 주먹만 한 돌멩이나 한 치 크기의 나무에 이르기까지
그렇지 않은 것이 없다.

안축(安軸)

해설 우리가 깨닫지 못해서 그렇지 만물이 왜 그 나름의 존재 이유가 없겠는가. 하물며 사람이랴.

拳(권) 주먹 軸(축) 굴대

하늘의 운행

天行健,
천 행 건

君子以自彊不息.
군 자 이 자 강 불 식

➲ 하늘의 운행이 굳건하니
군자는 이를 본받아 스스로 힘써 쉬지 않는다.

『주역』

해설 봄, 여름, 가을, 겨울의 운행에서 보듯 하늘은 잠시도 쉬지 않고 스스로 변한다. 생각 있는 사람은 때에 맞춰 늘 자기를 변혁한다. 시대에 뒤떨어지지 않기 위해, 보수와 정체의 늪에 빠지지 않기 위해.

健(건) 튼튼할 彊(강, 强은 속자) 굳셀

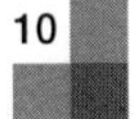

땅의 품성

地勢坤,
지 세 곤

君子以厚德載物.
군 자 이 후 덕 재 물

➲ 땅의 성향은 유순, 포용하는 것이니,
군자는 이를 본받아 두터운 덕으로 만물을 길러낸다.

『주역』

해설 땅은 어머니처럼 부드럽고 후덕하여 온갖 생명을 잘 길러낸다.

坤(곤) 땅 載(재) 실을

11

필요한 만큼

子釣而不綱,
자 조 이 불 강

弋不射宿.
익 불 석 숙

➲ 공자는 낚싯대를 드리워 고기를 잡았으며 큰 그물로 잡지는 않았고,
주살질을 할 때는 잠자는 새를 쏘지 않았다.

『논어』

해설 촘촘한 그물로 어린 고기까지 잡지 않고 짐승을 쫓아도 도망갈 틈을 주는 것이 군자의 금도(襟度)이다.

釣(조) 낚시 綱(강) 그물벼리 弋(익) 주살 射(석) 쏠

12

자연의 합리적 이용

不違農時,
불 위 농 시

穀不可勝食也,
곡 불 가 승 식 야

斧斤, 以時入山林,
부 근 이 시 입 산 림

材木不可勝用也.
재 목 불 가 승 용 야

➲ 백성들의 농사철을 놓치지 않게 하면
곡식은 다 먹을 수 없을 정도로 풍부하고
적절한 때에 맞춰 산림에서 도끼질을 하면
재목은 다 쓸 수 없을 정도가 될 것이다.

『맹자』

해설 자연의 순리에 맞춰 적당한 때에 씨 뿌리고 거두며 적절하게 나무를 한다면 인간의 삶이 얼마나 여유가 있을까.

違(위) 어길 穀(곡) 곡식 勝(승) 모두 斧(부) 도끼

13

만물은 다 하나

我是忘機心,
아 시 망 기 심

萬物視一類.
만 물 시 인 류

➲ 나는 집착하는 마음을 잊은 사람
만물을 한 가지로 본다.

이규보(李奎報)

해설 인간이 마음을 비우고 세상을 바라보면 만물이 다 같아 보이지 않겠는가.

機(기) 틀　　奎(규) 별 이름

14

인간과 만물

以人視物, 人貴而物賤.
이 인 시 물 인 귀 이 물 천

以物視人, 物貴而人賤.
이 물 시 인 물 귀 이 인 천

自天而視之, 人與物均也.
자 천 이 시 지 인 여 물 균 야

➲ 인간의 입장에서 물(物)을 보면 인간이 귀하고 물이 천하지만,
물의 입장에서 인간을 보면 물이 귀하고 인간이 천하다.
그러나 하늘의 입장에서 보면 인간과 물은 균등하다.

홍대용

해설 인간중심주의의 시각을 버리고 세상을 바라보면 귀천이 따로 있을 수 없다. 공평무사한 하늘의 입장에서 보면 인간이나 만물이나 다 마찬가지이다.

15

민중은 나의 형제

民吾同胞,
민 오 동 포

物吾與也.
물 오 여 야

➲ 모든 인민은 나의 형제요,
물은 나의 이웃이다.

장재(張載)

해설 따지고 보면 인류는 모두 다 지구공동체의 한 형제요, 만물은 우리 인간과 더불어 사는 이웃이 아닌가. 지구에 과부하가 걸려 있는 오늘날에 우리 겨레만 잘 살겠다고 하고 우리 인간만이 잘 살아보겠다는 것이 얼마나 어리석은 생각인가.

胞(포) 배 載(재) 실을

16

천지의 기운

人與萬物,
인 여 만 물

均稟天地之氣.
균 품 천 지 지 기

➲ 사람과 만물은 다 같이
천지의 기를 타고났다.

김시습

해설 옛날 현인들은 한결같이 사람과 만물이 다 같은 기운을 갖고 태어났다고 말한다. 그러나 오늘날 우리는 지구가 이처럼 신음하고 있는데도 여전히 '지속 가능한 발전'의 신화를 믿고 환경을 파괴하는 것을 멈추지 못하고 있는 것이 아닌가.

稟(품) 줄

17

도로 천지를 보면

以道而觀天地,
이 도 이 관 천 지

以天地而觀萬物,
이 천 지 이 관 만 물

則我亦物也,
즉 아 역 물 야

物亦我也.
물 역 아 야

➲ 도로써 천지를 보고 천지로써 만물을 본다면
나 또한 물이요 물은 또한 나이다.

강백년(姜柏年)

해설 도의 입장에서 천지를 보고 천지의 관점에서 만물을 바라보면 물아(物我)가 일체라는 말이다.

觀(관) 볼 柏(백) 잣나무

18

천지는 말이 없어

天地有大美而不言,
천 지 유 대 미 이 불 언

四時有明法而不議,
사 시 유 명 법 이 불 의

萬物有成理而不說.
만 물 유 성 리 이 불 설

➲ 하늘과 땅은 큰 아름다움을 지니고 있으면서도 말하지 않고 네 계절은 분명한 법칙을 가지고 있으면서도 의론하지 않으며 만물은 다 이치를 이루면서도 설명하지 않는다.

『장자』

해설 천지나 사시(四時)나 만물이 다 아름다운 이치를 가지고 있지만, 자연의 운행을 통해 도를 드러낼 뿐 말을 하지는 않는다.

19

모든 일을 순리에 따라

遊心於淡,
유 심 어 담

合氣於漠,
합 기 어 막

順物自然而無容私焉,
순 물 자 연 이 무 용 사 언

而天下治矣.
이 천 하 치 의

➲ 마음을 담담한 데 노닐게 하고
기운을 고요한 데 모으며
모든 일을 자연의 순리에 따르며 사심을 받아들이지 않으면
천하가 잘 다스려질 것이다.

『장자』

해설 사심을 버리고 담담하게 자연의 순리를 따른다면 천하의 일이 다 순조롭게 풀리지 않겠는가.

漠(막) 조용할, 사막

20

물오리는 물오리답게

鳧脛雖短,
부 경 수 단

續之則憂,
속 지 즉 우

鶴脛雖長,
학 경 수 장

短之則悲.
단 지 즉 비

➲ 물오리의 정강이가 비록 짧지만
길게 이어주면 괴로워하고,
학의 다리가 길다고 해서
짧게 잘라주면 슬퍼한다.

『장자』

해설 짧은 것은 짧은 대로 긴 것은 긴 대로 자연 그대로 두는 게 제일 좋은 것이다. 굳이 인위를 가하고 억지를 부릴 필요가 있겠는가.

鳧(부) 오리 脛(경) 정강이 續(속) 이을 鶴(학) 학

21

천지는 공평해

天地不仁.
천 지 불 인

➲ 하늘과 땅은 편애하지 않는다.

『노자』

해설 하늘과 땅은 인간을 차별하거나 지역 차별을 하지 않는다.

22

천문, 지문, 인문

日月星辰, 天之文,
일 월 성 신 천 지 문

山川草木, 地之文,
산 천 초 목 지 지 문

詩書禮樂, 人之文也.
시 서 예 악 인 지 문 야

➲ 해와 달과 별은 하늘의 무늬이며,
산과 냇물 풀과 나무는 땅의 무늬이며,
시서예악(詩書禮樂)은 인간의 무늬이다.

정도전

해설 해와 달은 하늘을 수놓고, 산천초목은 땅을 아름답게 하며, 시서예악은 인간을 인간답게 하는 문화이다.

23

하늘의 뜻

順天者存,
순 천 자 존

逆天者亡
역 천 자 망

➲ 하늘의 뜻을 따르는 자는 생존하고
하늘의 뜻을 거스르는 자는 멸망한다.

『맹자』

해설 민중이 곧 하늘이다. 민중의 뜻을 따르면 나라가 흥하고 민중의 뜻을 거역하면 나라가 망한다.

順(순) 순할　　逆(역) 거스를

24

각기 분수대로

山峙川流,
산 치 천 류

鳥啼花落,
조 제 화 락

風淸月白,
풍 청 월 백

自是各適其天, 各得其分.
자 시 각 적 기 천 각 득 기 분

➲ 산은 솟고 시내는 흘러가며,
새는 울고 꽃은 지며,
바람은 맑고 달은 밝다.
모든 것은 저절로 타고난 바에 맞게 그 분수대로 산다.

『신음어(呻吟語)』

해설 산은 산의 모습대로 물은 물의 생리대로, 모든 것이 자기 분수에 맞게 사는 것이 자연의 도이다.

峙(치) 우뚝 솟을 適(적) 갈 呻(신) 끙끙거릴 吟(음) 읊을

지은이

김영(金泳)

인하대학교 국어교육과 명예교수로, 연세대학교 국어국문학과를 졸업하고 동 대학원에서 한국문학으로 문학박사 학위를 받았다. 강원대학교 국어국문학과(1981~1991)와 인하대학교 국어교육과(1992~2018)에서 학생들을 가르쳤다. 베이징대학교, 런던대학교 SOAS 객원교수를 지냈으며, 인하대학교 사범대학 학장 및 교육대학원장, 인하대교수회 의장 및 대학평의원회 의장, 민족문학사연구소 대표, 한국한문학회 회장을 역임했다. 2016년에 인하참스승상, 2018년에 황조근정훈장을 수상했다. 현재 사회적협동조합 '한강'의 고문으로 활동하고 있다.

저서로는 『조선후기 한문학의 사회적 의미』(1993), 『망양록 연구』(2003), 『네티즌과 함께 가는 우언산책』(2003), 『한국의 우언』(2004), 『한국한문학의 현재적 의미』(2008, 대한민국학술원 우수학술도서), 『새 민족문학사 강좌』(공저, 2009), 『함께 가는 길』(2017), 『인문학적 상상력을 위한 한문강의』(2018), 『고전에 길을 묻다』(2021) 등이 있다.

이메일: kimyoung53@gmail.com

시민을 위한 한문 강의

지은이 김영
펴낸이 김종수
펴낸곳 한울엠플러스(주)
편 집 최진희

초판 1쇄 인쇄 2021년 8월 20일
초판 1쇄 발행 2021년 8월 30일

주소 10881 경기도 파주시 광인사길 153 한울시소빌딩 3층
전화 031-955-0655
팩스 031-955-0656
홈페이지 www.hanulmplus.kr
등록번호 제406-2015-000143호

Printed in Korea.
ISBN 978-89-460-8103-1 03700 (양장)
978-89-460-8104-8 03700 (무선)

* 책값은 겉표지에 표시되어 있습니다.
* 무선제본 책을 교재로 사용하시려면 본사로 연락해 주시기 바랍니다.